Chinese Characters
For China
汉字里的中国

咬文嚼字文库

龙子仲 著

汉字的故事

The Story of
Chinese
Characters

上海文化出版社
上海咬文嚼字文化传播有限公司

图书在版编目（CIP）数据

汉字的故事 / 龙子仲著 . —— 上海 ：上海文化出版社 ，2019.1（2025.5 重印）

（汉字里的中国）

ISBN 978-7-5535-1405-5

Ⅰ . ①汉… Ⅱ . ①龙… Ⅲ . ①汉字 - 通俗读物 Ⅳ . ① H12-49

中国版本图书馆 CIP 数据核字 (2018) 第 231594 号

汉字的故事

龙子仲 著

责任编辑：蒋逸征

装帧设计：叶　珺

出　　版：上海文化出版社　　上海咬文嚼字文化传播有限公司

地　　址：上海市闵行区号景路 159 弄 A 座 2-3 楼

邮　　编：201101

发　　行：上海市闵行区号景路 159 弄 A 座 206 室

印　　刷：上海文艺大一印刷有限公司

规　　格：889×1194　1/20

印　　张：11.6

版　　次：2019 年 1 月第 1 版　　2025 年 5 月第 6 次印刷

书　　号：ISBN 978-7-5535-1405-5/H.025

定　　价：48.00 元

告读者：如发现本书有质量问题，请与印刷厂质量科联系。

电　话：021-64511411

汉字的故事 | **目 录**

谁的记忆里没有文字

我们现代人，从一懂事起，就开始认字、读书，上完小学上中学，上完中学还要上大学……直到二十来岁，书总算读完了，跑到社会上去，辛辛苦苦找一份职业，挣钱养命。——这是一种什么生活呢？简单地说，这就是一种"文明的规矩"所给予的生活。

所有规矩的背后，其实都有一套或有形或无形的文字阐释原则。从这个角度说，"人"就是一种拥有文字来支配自己行为的动物。只要你是人，你的记忆里就不可能没有文字。这是很奇妙的。你去看别的动物，会发现它们的生活仿佛仅仅是围绕着肉体的发育和需求而展开的。但是"人"不一样，人的生活，很大程度上是围绕着语言文字所指明的幅员而展开的。可见文字对我们有多重要了。

中国人的特点，在于中国人使用的文字很特别。我们的汉字，不是简单地用一些表示声音的符号来记录语言，而是给不同的事物或意义画出不同的符号，当这些符号排列起来，它们之间就呈现出了一种特别的关系，我们就是这样来表达我们的所见所闻、所思

所想的。从这个意义上，我们可以这样说：汉字是中国文化的基因。作为一个中国人，我们并不需要刻意地去背诵多少多少中国文化的训条。只要真正掌握了汉字，这个文化也就在你心里扎下了根。然后，不管你走到哪里，你的生命中都会发出中国文化的苗木，供你在人生的岁月阴晴中，遮风避雨，休憩纳凉……

屮 草　　　ᘖ 耳

虫

　　你也许会说："汉字还不简单吗? 上过小学的人, 基本上都认识汉字! " 这话当然不是没有道理。但是, 在这里我要提出两个概念, 请你一定要牢记。这两个概念, 一个叫作"识字", 另一个叫作"知字"。"识字"和"知字"其实是不同的。我们上完小学之后, 常用的汉字基本上都认识了, 这只是"识字"。但是, 认识了, 并不一定就知晓。就好像我们平时走在大街上, 看见很多人。你看见他们, 知道他们的样子, 但如果那不是你的熟人, 他对你来说也只能算是陌生人。因为你并不知道他的底细。

　　什么是熟人呢? 你知道他的来历, 知道他住在哪儿, 喜欢吃什

目

么，喜欢玩什么，家里都有些什么人……这算是熟人。"知字"的
意思，就是要把字变成这样的熟人。只有熟人，他在你脑子里才
会有故事存在；而有了故事，才算是真正有了喜怒哀乐的生活。
　　所以，我们要讲讲汉字的故事……

穿树叶的祖师

人们写文章，有没有诀窍呢？我想是有的。比如说吧：最临近的事情可以从最遥远的地方写起。这算是一个诀窍。因为事情都有个来龙去脉，不管是它的"来"，还是它的"去"，都在离它比较远的地方。

夏威夷女孩

所以，我们的汉字也不妨从远一点讲起。

一远就远到美国。美国这个国家有五十个州，基本上都在美洲大陆上。只有一个州，位置相当遥远，孤零零地在太平洋中间。这个州叫夏威夷，是一个温暖而又美丽的地方。如果你去夏威夷，你可能会看见女孩穿着用某种植物叶子做的裙子，在海边跳舞。

其实这种衣服我们中国也有，时间也相当遥远。在上古时代，也许是五千年前，也许是六千年前，有一个叫伏羲的人，穿的就是这种衣服。古人为他还专门画过像。

我们可以仔细观察一下这种衣服：肩上的披肩，是用树叶扎成的，这看上去至少有两大好处，一个是防雨，一个是防晒；再看他身上的衣物，大概是用某种很柔软的草扎成的，这也有两大好处，一个是透气，另一个是便于隐蔽。比如说，如果碰巧

伏羲画像

有一头猛兽远远地朝你走来, 你穿着这样的衣服, 只要往草丛树窠里一闪, 然后一动不动。这样, 哪怕那猛兽是3.0的视力, 估计它也很难发现你。所以说, 这种衣服非常便于隐蔽。

　　可不要小瞧了它的这个功能, 这在伏羲那个时代, 是非常重要的。那时候的生态环境, 好到了你都不知道怎么夸它才好的地步。原野上到处都长着高大的树木, 缓缓的草场一直延伸到沼泽湖边沿。鱼在湖里吃饱喝足之后, 懒懒地睡上一个长长的午觉, 醒来后, 打算松一松浑身的懒骨头, 所以不断地扭动身子, 跃出湖面。太阳清清纯纯地照着, 每次鱼闹腾一下, 湖面就会泛起一轮一轮的、锦缎一样的彩色波纹。等波纹消掉了, 又映出湖边成群成群的忙着吃草的牛羊……忽然 "轰" 的一下, 牛羊们惊恐不已, 撒开丫子就四处乱跑, 空气中会扬起一点轻微的尘埃。在尘埃散落的地方, 你定睛一看, 会发现不知在什么时候, 那里闯来了一只虎, 或一群狼……

　　牛羊身上不会穿着树叶做的衣服, 所以很容易被发现。伏羲就聪明多了, 他和他的族人穿着这样的衣服, 很悠闲地在大地上走来走去, 比动物们要安全多了。因为安全有了比较大的保障, 不必动不动就忙着逃命, 所以闲暇的时间也就比别的动物要多些。比如说, 吃饱了肚子, 往草窠里一站, 跟蓬乱草似的, 谁也不会发现你, 就算虎狼从身边走过, 估计也不会看你一眼。如果动物们一生的时间分配是三分之一用来吃食, 三分之一用来睡觉, 三分之一用来逃命的话，伏羲的一生至少有三分之一的时间是闲着的。这么着，吃饱睡足之后，基本无事可做（那时的人也不需要上班、上学），剩下来的时间就任由你尽情发呆了。

时间一多，就不免做些无聊的事。一会儿仰头看看太阳刺进眼睛里究竟会留下多大一块的黑斑，一会儿又俯首看看地面上树的影子到底拉长了多少……渐渐地，就对这些无聊的事情有了兴趣。为了记录那些不同的阳光疏密的日子，他发明了一套天文学的阴阳记录符号，也就是"八卦"。

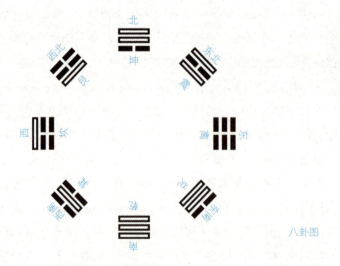

八卦图

白色的一横，表示阳光很强烈；两段黑色的短横，表示天阴或者天黑了。这样一来，就可以对岁月做一点简单的记载和分析了。有人说，这也是一种文字……

那一刻鬼哭狼嚎

　　但是，伏羲造的八卦毕竟太含糊。比如说，如果要表达"一头鹿在奔跑"这样的意思，用八卦怎么表达呢？很难表达。不知又过了多久，另一个人出现了，他就是仓颉。

　　汉字据说是这位老先生创造的。

　　你看他披头散发、奇装异服的样子，很像今天的那些前卫艺术家。在创造汉字的那个年代，他画出的那些古怪符号，的确是一种很前卫的艺术。

　　仓颉是黄帝手下的一个公务员。从他也穿着树叶衣服这个情况看，他生活的时间大概离伏羲那个年代并不远。古书上说他生有"双瞳四目"。什么意思呢？一般认为，就像画上画的那样，眉毛下有四只眼睛。也有的人解释成：每只眼睛里的瞳孔都很大，一圈黑色的，一圈黄色的，构成双层的瞳孔，这样看起来就好像有四只眼睛似的。如果你用科学来解释，很难解释清楚。当然我们也可以胡乱编排编排，当作一种乐趣。比如说：瞳孔发黄而且面积很大，说明他可能患有黄疸型肝炎；至于"四目"，可能表示他造字造得太辛苦，把眼睛都弄成高度近视了，只好戴上厚厚的眼镜片，看上去像长了四只眼睛（现在不也有把戴眼镜的戏称为"四眼狗"的嘛！也许戴眼镜的人都是仓颉的后代）。当然，那个年代还没有发明眼镜，所以我们只能认为他就是长了四只眼睛。据说后来的项羽也是这长相。

仓颉的老家，在今天陕西省白水县。这个地方，离黄帝陵不远，基本上可以肯定，他跟黄帝算是小老乡。有一种传说表明，仓颉原本在黄帝的政府里，担任的是一个专门掌管仓库的官。仓库里面有牲畜，有粮食，还有各种不同的物品。为了把仓库里的东西登记清楚，他学会了"结绳记事"，就是在一根绳子上，打上大大小小不同的结，每个结表示一个物品。比如说牛圈，大牛打一件大结，小牛打个小结，这样每天拿着这根绳子摸摸索索地清点一下，就知道圈里的牛究竟是多了还是少了。估计当时仓颉的办公室里没有算盘，也没有厚厚的账簿，只是在高高的墙上，挂满了一根根长长短短的绳子，上面疙疙瘩瘩的，看上去很不整齐。我们也可以说，仓颉原本是黄帝的总会计师。

一个会计从事起了文化活动，这肯定是有原因的。估计是随着黄帝势力的不断扩张，他的领土越来越广，仓库里的东西自然也越来越多，办公室墙上的绳子，渐渐变得像维吾尔族姑娘的辫子似的，层层叠叠，数也数不清了。这就容易造成一些账目上的错误。所以，仓颉开始琢磨些别的办法了。

仓颉图

还好，那时候人心纯朴，社会和谐，即便账目上出现了什么失误，也不会有腐败官员浑水摸鱼。所以一年到头，公务总的说还是轻松的。仓颉的工作估计也相当清闲，所以每天都能够见到他在外面游游荡荡、东张西望，一会儿看看天上的云，一会儿看看地上的树，一会儿又看看河里的水，跟个二流子似的。那时候没什么污染，自然环境好，野生动物比人要多得多。大地上到处都是动物们的脚印。仓颉喜欢看那些脚印，他发现，不同的动物，脚印的形状也不同。有一天爬来一只老龟，仓颉发现龟背上的花纹很有意思，就捡起老龟来，盯着它的背壳仔细看，看着看着，忽然恍然大悟：脚印不就是动物们在地上写的字吗？我们不也可以把自己眼见心想的事物画出来，表达事物的属性和自己心里的意思嘛！从此以后，他开始造字了。

他看见太阳，就画一个：

看见鸟, 就画了个:

鸟

看见云, 就画个:

云

看见太阳落在树梢上，就画个：

这是"莫"字，上古通"暮"。

……画了很多很多。

开始大家觉得这些符号很
好玩，后来渐渐发现，它们还很
有用。比如说天气预报吧，原来
都是预报员满大街高喊："今日
有雨哟！"嗓子都喊破了，知道
的人数也有限。现在呢，只要写
这么块牌子，见右图。

牌子上面的文字是"辛巳卜今日雨"，就是"辛巳这天预测有雨"的意思。把它挂在大街上，这样一来，不用费嗓子喊，大家只要路过那里就都知道了。

就这么着，最早的一批汉字造出来了！当然，我要说明一下：上面引用的那些古文字其实还不是仓颉时代使用的汉字，而是殷商甲骨文。因为我们今天能够见到的最早的文字只是殷商甲骨文，所以我也只能拿它来说事儿。那么仓颉时代的字究竟是什么样子的？在没有找到新的考古发现以前，我们很难说得清楚。

宋代的时候，皇帝叫一个大臣把皇家收藏的古代书法作品编了一个集子，书名叫《淳化阁帖》，里面倒是收入了一幅被称作"仓颉书"的帖子，样子比较古怪，但仔细去寻，也能寻得出后来甲骨文的影子。

这究竟是不是仓颉时代的文字，还很难说。但有件事情却是很清楚的：有了文字，人类就能够更好地思想，掌握天地的奥秘。传说，在造出文字的那段时间，鬼神们都知道：这么一来，往后什么事情都没法骗得过人类了。这使他们懊丧不已！那一阵，到了半夜，人们常常听见屋外传来一种"呜呜呜"的声音。后来他们知道那是鬼神们的哭声，所以在记载仓颉造字这件事时，人们最后总是写道：那一刻鬼哭狼嚎……

谁是鬼的身影？

既然提到了"鬼"，索性就从鬼说起吧。

世界上究竟有没有鬼呢？目前科学的答案当然是：没有。那么，古人的记载中为什么却有那么多关于鬼的故事？仅仅因为古代人太无知、太迷信吗？恐怕不那么简单。

很多人小时候，都有被鬼故事吓得晚上不敢出门的经历，但很少有人能够说清楚，鬼究竟是什么。其实，这个答案，甲骨文里头早就告诉给我们了。最早的"鬼"字是怎么写的呢？是这样的：

　　它的下面是一个跪着的人，上面这个像"田"字的，并不是一块田，而是一张面具。人戴着可怕的面具，这就是古人眼里的鬼。古人喜欢玩一种"鬼的游戏"，把自己的力量转移到鬼身上，再从那里面获得某种对世界的解释。所以，我们可以得出这样一个结论：鬼都是人扮的。

　　因为这种面具十分可怕，看上去不舒服，所以古代表达畏惧的"畏"字也跟"鬼"字有部分相似：

　　它的左边是一根打人的树枝，右边那个人的头上，也画成了"田"字的样子，想象得出，是一种像鬼面具一样狰狞恐惧的表情。我们大致可以判

定，人畏惧时候的表情跟鬼面具的表情是比较相似的。这种表情当然不会令人舒服，于是"鬼"又跟"丑"联系在一块儿了。繁体字表示样貌丑陋的这个"丑"字，就是写成"醜"的：

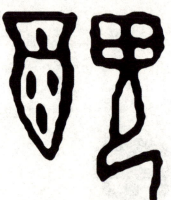

它的左边，是一个酒坛子，里面画了几个点，表示液体，应该是一只装满酒浆的坛子。这个字形也就是我们今天写的"酉"字，在古代，它就是"酒"的意思。右边的字形就是我们上面说到的"鬼"字。合起来就有"酒鬼"的含义。可见，古人也认为纵酒后的醉态是不雅的，也就是丑的。这是一个形声字，"丑"和"酉"读韵相同，所以"酉"又可以用来提示读音，真是一举两得。

也有一种"丑"字的写法是"媿"，同样有一个"鬼"字旁。这一种写法就有意思了，为什么是"女"字旁呢？大概古代扮演鬼的多半都是女人和下人。

古代这种扮鬼的人，实际上是沟通鬼神、跟鬼神打交道的人。他们有两种称呼，分别是"巫"和"觋"，男性叫作觋，女性叫作巫。可见女人参加扮鬼活动在当时是很普遍的。整天扮成一副鬼脸的样子，看上去当然就丑了。

"鬼"字下半部分是一个"女"字，古代的"女"字 一副低眉顺眼的样子。这个 一戴上面具，不就变成鬼了嘛！

从这个字里可以看出，在古代，女人的地位是比较被动的。

女

鬼

人

人物大变型

不管鬼神们怎么哭，人的故事还是开始书写了。

人们发现，有了字，就有了越来越多的故事。

既然是故事，那么首先就得有人物（主人公）。这人物是谁呢? 就是他了——。

这是甲骨文"人"这个字的写法。我们看，像不像一个正在站着做事的人

呢？ 箭头指的是他的手， 还翘着屁股，看上去挺卖力气。其实

古人写字时候的运笔，不像我们今天这么拘泥。就拿这个"人"字来说，可以

高点儿，可以低点儿，可以直点儿，也可以弯点儿，比较随意。不妨看看下面

这一组"人"字：

看看这三张图：左边一对人的见面，比较平常，身体语言不多。右边那对就太客气了。中间这对呢，两人身份的长幼尊卑一眼就看得出来，左方那人是幼者或卑者，右方那位则显然是大人或贵人。可见字的写法很自由。

自从画出了这个"人"之后，很多字里面都有了他的影子。他小的时候，是这样的 𝕐 （"子"字）。我们不妨添上几笔，他的形态就出来了——大大的头，伸着两只小胳膊，样子十分顽皮。

夫

长大了，成了 （"夫"字）。

这个字是"大"字（  ）上面加一横，说明他长大了，肩膀变宽了（也有一种说法是把头发盘起来插上了发笄），有力气了，可以上山砍柴、下地除草了。

最后他老了，成了这样：。身子弯了，

脚好像也在打颤，只好拄着一根拐杖，但

是头上却戴着表示尊贵地位的帽子。他

像一个君王，站在毕生筑就的高堂上，俯瞰着

山河岁月……

老

如果他站在大地上，这就成了"立"字——  立

把他那胖乎乎的肚子凸出来，这就成了"身"字——  身

如果伸手就能够逮着他，这就成了"及"字——  及

如果他的脚久久地定在一个地方，这就成了"企"字——  企

特别标明他的头部，被写作"元"字：  元

他头顶那块迷人的空间，这就是"天"字： 天

他的耳朵轮廓分明： 耳

他的眼睛炯炯有神：  目

这眼睛四处张望的时候，就是"见"字：

这耳朵静听笙歌时，那就是"闻"字：

最后，他死了，身体变得僵硬，就成了"尸"字：

一个 ，变幻出无数的字，像一个硕大无朋的舞台，尽管角色熙来

攘往、走马穿行，但好戏的主角似乎始终只有一个，那就是 。

到家里看看

人们玩够了, 也扮演够了, 该回家了。我们现在就来看看古人的家吧。

古代的 "家" 字是这样写的:

看得出来, 家首先是一所房子:

这个字形后来就演变成了部首 "宝盖头"

房子里面的牲畜，跟甲骨文的"犬"字很相像，但我们根据"豕"字知道，那应该是一头猪：

 猪

那时候的猪嘴巴画得很大，像一把大剪刀似的，看上去很吓人，很可能是剑齿猪。家里面不画人，而画着猪，说明这家的人有肉吃，生活比较富足，至少算是小康人家了。也有一种说法认为：猪的生育能力强，一窝能下十几只小猪崽，古人希望人口繁殖能像猪口繁殖一样兴旺，所以在屋子下面画只猪，表达他们的家庭理想。不管怎么解释，道理是一样的，那就是：有吃有养即是家。

那么，大户人家会是什么样子呢？我们想当然地琢磨琢磨都会认定：当然是金银财宝很多喽！这想法肯定是有它的道理的。比如说，从这个字就大致可以看出些"大户人家"的名堂来——

这是古代的"宝"字。也是在一间大房子里,但存的东西就大不一样了。 是贝壳,也就是上古时代人用的钱; 比较复杂,那个 可能是表示坛坛罐罐一类的东西(古人把盛物的器皿写作 ,也就是今天的"皿"字), 表示有很多玉器。古代的"玉"字是这么写的, ,像是一根绳子,串起很多玉片。所以我们基本上可以分析出, 的意思大致就是在大缸子里装满各种各样的宝玉。

你看,又有钱又有宝贝,这家人够阔气的吧!从他家的资产上，我们可以推测出，这应该是一个大户人家。

有些房子显得威仪堂皇，它们往往是宗庙或宫殿。

还有一种房子，更显得庄严肃穆，它是用这个字来表示的：

　　它的上面也是一所高大的房子，下面则表示高高的土石台——高高的台上高高的房。这字念什么？这就是北京的"京"字。造字人希望表达的意思大概是：京城就是全国民众至高无上的家。我们今天也常说"国家国家"的，说明"国"在某种意义上就跟"家"一样。

　　既然说到了"国"，不妨把"国"字也研究一下吧。"国"的繁体字是这样写的——"國"。甲骨文中没有"国"字。那时候，"或"字就代表"国"。

　　甲骨文的"或"字最常见的写法是这样的：

是件武器，ᵁ 是一个"口"字。这看上去跟战争有关。好像是列

宁说过：国家是战争的机器。这话看来并不是瞎说，比如古文中的"城"字，

也含有一个表示武器的偏旁——　，这似乎是相通的。后来"或"字

演变成了这样——　，右边的武器没变，那个 ᵁ 却变成了圆圆的字

形，可能是太阳，上下还各添了一横，大概表示朗朗乾坤、皇天后土吧。也有写成这样字形的：

太阳符号更为明显，也许是图腾化了。古代人认为王权授自天命，而天的主宰，就是太阳。所以这个演变后的"或"字，我们可以把它大致理解为用武装保卫族群的意思。

后来在这个"或"字外围加了一

圈，就成了"国"字，大概表示领土边界线。在这个变化过程中，也有把"国"

写成这样的：𢧂、囻。这里面特别值得注意的是出现了一个"王"字，也

就是国王，说明这时候的"国"已经有成熟的中央政府了，因为国王就是政府

的代表或象征。观察从"或"到"国"的演变过程，我们可以发现，"国"这个

字是不断丰富生长起来的，它随着历史的变迁而变迁。

　　现在我们用的这个"国"字，显然是从囯 变过来的。中间的"王"变

成了"玉"字，说明国家富裕，有很多宝贝。也可以说：国家像一块美玉，是国

民心中最心爱的宝贝。

人多故事多

　　有了家，就得过日子；日子一长，人口就多了起来。这人一多，故事也就多了。有故事就有是非。人与人之间的是是非非，我们用今天比较学术一点的话来说，就叫做"社会关系"。

　　汉字表达人跟人之间的关系是非常形象的。比如表示两个人关系好，可以写作 ，这就是并肩战斗的"并"字。这个字还有一种写法，两个人是手拉着手的，，关系多铁呀！

但是身体的方向一变，关系也就变了，比如侧过身去，变成了这样：（"从"字），像个随从，是一种人身依赖关系。你看跟在后面这位走路的样子多么恭敬！

也许跟了半天，吃亏了，于是关系破裂，赌气扭过身去，就成了屁股对着屁股的样子：（"北"字），古代就用它来表示背离的"背"。几个身体的方向就表达了人与人之间那么多的恩恩怨怨，你说古人高不高明？

从

北

女

人口分类，最基本的就是男人和女人。汉字的

"女"字是一个束手束脚的造型，写作 ，

她是跪着的，两只手也拘谨地抱在一起。相比之下，

"男"字就刚劲多了，写作 ，表示在田里犁地

的意思。它也写成 ——犁具的形象更为

明显。这表示男人是有力量的。如果还是幼儿，力

气还没有长起来，那怎么表示呢？古人造出了这个

字——。这字的上面也是一把犁，下面是一个

"丝"字，表示对于拉动那把犁来说，他只能起到一

根丝所能够牵引的那么点儿力量。这就是"幼"字。

上古社会，人类生产有两种：一种是物质生产，一种

是人口生产。物质生产主要靠男人，人口生产主要靠

女人。这在汉字的"男"、"女"两个字上，有十分典

型的表现。

人是怎么变多的呢？这就要靠人口的生产。人口的生产主要靠女子，只

有女子才能够成为母亲。在"女"（）字这个领域，又变化出一系列字

来。

　　每个人都是吃母亲的乳汁长大的。所以甲骨文的"母"字也很形象，

就是一个"女"（　）字，再点上两点。这两点表示她的乳汁（甲骨文画

液体多用点来表示，所以我这里倾向于

把这两个点理解为"乳汁"，而不是"乳

房"）：

母亲怀孕了，挺着大肚子。这有一个怀孕的
"孕"字，也很形象，是这样写的：

——大大的肚子里，有一个 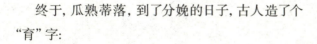（"子"字），
表示婴儿在腹中一天天长成。

终于，瓜熟蒂落，到了分娩的日子，古人造了个
"育"字：

这个字的上方是一个"女"字，右下方是个"子"。孩子的出生，让母亲吃尽了苦头，上方的那个"女"字都有些变形了，明显下半身在用力。好容易才把孩子生下来，总算大功一件，安然度过。但这并没有大功告成，后面的日子，才是受累的开始，事情还多着呢。——小孩一饿，四肢朝天就哇哇大哭，母亲便要给他哺乳。古代人造的"乳"字也很形象：

　　这个字形特别生动，有一种三维感，我很喜欢这个字。孩子张着大嘴，看上去跟雏鸟很相似；母亲把他揽在怀里，乳房突起，场面很感人。从这个字中看，对未成年人的呵护是母亲的天性，从古至今都是一样的。

我们现代有《未成年人保护法》，古代没有。那么古代的未成年人怎么办呢? 只好由大人用身体来保护了。看看这个字:

箭头所指的左边，是个站立着的大人，其实是  字的一个变形。他的手用力往身后护着。他的身后是什么呢? 是个小孩:

大人用身体保护小孩。这就是古代的"保"字。

人多了，食物就变少了。为了养活更多的人，就得更加卖力气地干活儿。俗话说，"清明前后，种瓜种豆"，古代人干的基本上都是农活儿。下面我们来看三个字，都跟种地有关。

先看看这个字——

　　为了使这个字的形象更直观、生动一点，我们可以把正去葬花的林黛玉拿来跟它比较一下。

　　这么一看就明白了，是一个人背了一把锄头，正要下地干活。这就是甲骨文"何"字的写法。"何"字最早的含义，就是背东西的意思。后来把表示这个意思的字加了一个草字头，写作"荷"，这才有了区别。比如陶渊明的诗说："种豆南山下，草盛豆苗稀。晨兴理荒秽，戴月荷锄归。"戴月荷锄的"荷"，也就是这个样子。

如果家里的田地距离比较远,中间还得过一条河,那么就会产生这样一个字(甲骨文的"河"字):

过了河,就到地里了。到了地里就得忙着整理庄稼。古代人很辛苦,不像我们今天吃饱喝足之后就跑去唱歌跳舞,还美其名曰"艺术"。古代人没那么多艺术,他们把整理庄稼叫作"艺术",称为"艺"(现在也还有"园艺"这样的名词,就保留了古代的意思)。所以甲骨文的"艺"字字形如左图。

左边是一个双手正在干活的人,右边是

一个"木"字, 表示某种植物。这字的造型, 也就是一个人蹲在地里整理庄稼的意思。

这个过程排列起来, 简直就是一组连环画。我给它编配一下:

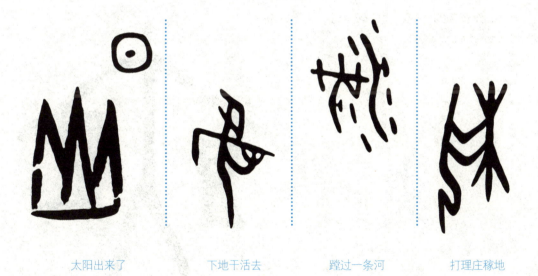

太阳出来了　　　　下地干活去　　　　蹚过一条河　　　　打理庄稼地

酒和好心情

　　有的人说，汉字这种绘画似的文字，用来表示事物、表示动作比较好办，但是要拿来表示复杂的心情，就比较难了。是不是这样呢? 我们来看看这个字:

画面上是一个人，怀里抱着两壶酒。这就是我们今天经常说的"爽"字。古代人没有发明杂交水稻，所以粮食常常不够吃，好不容易攒点粮食酿些酒，往往都是在过年的时候，才会拿出来痛饮一场。喝醉了，一年的疲劳也都消失了，心里高兴，所以觉得特别爽。好心情都是有原因的。古代人早就明白这一点，表达出来真是生动极了。

同样用酒来表达心情的，还有一个我们都很熟悉的字，那就是"喜"字。

这个字的上半部分,像是表示"有身份"的牛角。中间是一坛子美酒。下面张着快乐的嘴巴。人逢喜事,这才纵酒狂欢。似乎在古代,酒总是跟好心情联系在一起的。我们今天写的这个"喜"字,其中的两个"口"都是扁扁的,看上去有一种傻乎乎的乐呵劲儿,显得那么富态,又非常自我陶醉。这就是上古那种好心情的遗传吧。试试看,如果把那两个"口"字写成竖长形的,会是什么样子呢?

一坛美酒

快乐的嘴巴

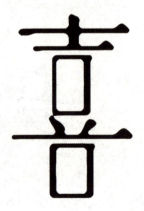

这模样,有点像奸笑,至少是皮笑肉不笑,真是怎么看怎么不喜。

美也许是一种面具

　　酒足饭饱，心情很好，当然需要娱乐。我们今天抒发快乐心情，喜欢跳集体舞；古人其实也喜欢跳舞。古代的"舞"字是这么写的：

舞

有点像"爽"字，只是手里拿着的不是酒，倒像是刚刚收获的庄稼(一般解释为牛尾巴)。不管拿的是什么，他的身体都显得很舒展。

　　如果要把快乐抒发得更迷幻更惊心动魄，还可以开一个假面舞会。其实，古人开的舞会，基本上都是假面舞会。

头上戴着面具的鬼（），因为样子难看，所以又有了丑（醜）的意

思，这一般称为衍生义。"鬼"是假面舞会上戴鬼脸壳的角色。既然说到了

丑，这回我们就来说说"美"吧。先看看下面这个字：

这就是甲骨文的"美"字。它的下面是一个
"夫"（  ）字，也就是男子汉、大丈夫。他头上
戴的这个 是什么呢？是一对羊角（古代的
"羊"字是这么写的—— ）。

你看这对羊角，长得比人的双肩还宽出许
多，可见它的主人生前必定是一头雄健、勇猛的
公羊。能征服这羊的那个人，当然也就是壮士了。
就是因为这个原因，古代人喜欢用动物的牙、角
来装饰自己，显示自己有实力，觉得那就是美。
头上戴着羊角，用来干什么呢？当然是演戏或跳
舞。

其实这种喜好到现代也还有所残存，比如有
个叫"霸王"的游戏，那个游戏中的主人公就戴了
个双角冲天的面具，看上去非常"酷"。这就是上
古人类审美趣味的一种残留。

夫

羊

一个有趣的问题是："美"和"丑"在表达上总是如此息息相关。从一定意义上说，"丑"就是"美"的一种类型——它是从反面来印证美的。汉代有一些砖画，对这种头上佩戴动物角的形象也有另外一层含义上的表现。像下面这幅就很有意思：

　　古代的蚩尤，也就是传说中跟轩辕黄帝打仗的那位。他的形象是被刻意丑化了的。他头上那个有点像弓弩的东西，其实是牛角，大概是借用牛的蛮力来表达他的粗蛮。在蚩尤的"蚩"字上面，其实也还保存着这个信息。我们看它的古今写法：

　　它们上半部分的  和 ，其实就是甲骨文、金文"牛"（ 、 ）字的一种省文。这是一目了然的。

"鬼"和"美"这两个字都与面具有关,是不同的面具区分了丑和美。那么,美是不是一种面具呢? 今天的美学家讨论美的本质,讨论来讨论去,越讨论越糊涂。英国的美学家比较聪明,他们发现,美只是一种"表现",是"表现的完美"(柯林伍德),是"有意味的形式"(克莱夫·贝尔)……这跟"面具"有很相似的意味。

一根神奇的木头

　　人们常说：汉字是一个大家族，很多不同的汉字之间，往往都有着非常密切的相关性。所谓"家族"，就是说它们彼此之间都有亲戚关系。这怎么理解呢？现在我们来看看这根神奇的木头。

　　"木"字在甲骨文和篆书中分别是这样写的：

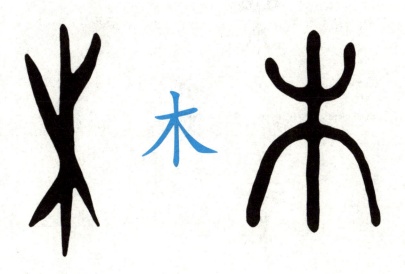

在"木"的底部加上一画，表示树根，就成了 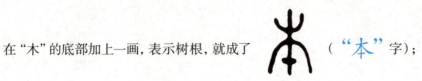 （"本"字）；

在上面加一画呢，就成了  （"末"字），表示树梢。

"木"上结了东西，  （"果"字），表示果实。

一只手伸过来把果实摘走了，  （"采"字），表示采摘。

一群鸟停在树上，  （"集"字），表示聚集。

一个"木"字，就生出了这么多的花样，你说它们还不是一家子嘛！

这还不算最神奇的。如果拿一把斧子，把"木"给劈开，它还能成字吗？我们不妨来看看。

一斧子下去，木头被劈成两半。一半成了这样： ；另一半就成了这样： 。它们还是不是字呢？答案是肯定的：劈开了，一样是字。左边的 是"爿"字，右边的 是"片"字，都表示木头片儿的意思。

有意思的是，从这两个字里我们还可以看出，哪怕在现代汉字身上，也还能够看到古代文字的影子。我们不妨把"爿"和"片"这两个字再合到一起看看：

两个木片合起来, 还是一根原木。如果再把这根原木拦腰斩断, 它就又成了另外一个字:

析

这就是甲骨文中"分析"的那个"析"字。看得出来, "析"字只是拦腰在砍, 木头并没有砍断。等到木头砍断了, 就又成了另外一个字:

折

这就是折断的"折"字。

就这么一个字，任你劈来砍去，掰开揉碎，它始终还是字，而不会变成一堆无意义的符号。这汉字，简直跟变魔术似的，真是："横砍成析竖成片，大小长短各不同。不识汉字真面目，只缘身在汉字中。"妙不可言！

提示一下："爿"这个字，后来演变成了一个部首。什么部首呢？如果劈开甲骨文的木（）字就清楚了。劈开后的左半边，就是这个字——。现代汉字中，壮、将、妆这些字都有这个部首。这字念pán，它的意思，大家可以去翻翻字典。

不是草船也借箭

从"木"字的劈来砍去，我们看到了汉字生成的一种魔法。这回来谈谈 。这个字，我想大家一看就能明白。它是"矢"字，也就是箭的意思。在大家都熟悉的《三国演义》中，诸葛亮草船借箭，借的就是这个"矢"。

这个字我觉得有点不可思议。一般我们想到它，就会跟武器、战争、攻击联系起来。比如说疾病的"疾"字，甲骨文是这样写的：。

这表示什么意思呢? 表示一个人正面立着，

这支箭射到了他的身上。人受伤了，算是一种小病小灾，这就是"疾"，很好理解。这算是"疾"字借了一支箭。

有趣的是，又能借用来表示和平。

比如（"室"）这个字，有卧房的意思。奇怪的是，屋子（）里面竟然倒扎着一支箭

室

（）。我第一次看见这个字的时候，总也想不明白，家里面藏着武器，

这住起来该有多么惊心动魄！后来竟有了这样的联想： 表示箭落在了

地上（通常解作鸟落到地上，我不取这个意思），表示武斗停止，兵器归仓，

意味着战争结束了，和平了。一间充满和平气息的房子，才足以让我们安睡。

所以，"室"字也借了一支箭。

同样的意思，在 （"致"字，也有识读作"姪"字）里也有表现。这个跪在地上祈祷的人，祈求什么呢？应该是祈求游子回归和永久和平吧。

因为箭射出后，速度很快，所以（"矢"字）还有一个作用，就是借用来表示速度。比如（"雉"）这个字，是山鸡的意思，它就是由一只鸟和一支箭构成的。我们把它倒下来看一看，就比较容易看出它在空中飞跃的样子了。

上面是一只鸟

下面是一支箭

　　在这里，"雉"字也借了一支箭，用来比喻山鸡是一种飞得像箭一样快的禽鸟。

　　世界上的事物很多，如果每个事物都造一个全新的字来表示，一方面造不过来，另一方面使用起来也不方便（不经济）。把一个字创造出来后，借用它自身不断变化，来表达不同的意思，发挥它最大的作用，这就是古人最聪明的地方。前面讲到的"人"字、"木"字的那些变化，都很能说明这一点。

写写画画

　　有了字，就得写字。古人把写字工具称作"笔"，把写字活动称作"书"。我们这回来谈谈这个话题。

　　先看看繁体字的"笔"和"书"字的写法：

笔——筆

书——書

　　这两个字里，都有一支用手执着的笔，在"书"字中是 ，在"笔"字里是 。它们其实是一个字，在上古文字里写作 。

　　这个字中的 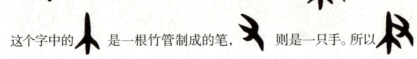 是一根竹管制成的笔， 则是一只手。所以

的意思就是用手握着笔。这个造型，在 𦘒 字里其实是完整保留着的，其

中的 ⺕ 就是那只手——𝟉；而 ⺤ 就是笔管 ⺤。直观地

看，就是下面这个样子：

手握笔杆在干什么呢? 古人
造的字很妙, 我们来看看:

这就是甲骨文的"书"字。它的下方不

是一张纸, 而是一个 , 这在甲骨文中表

示"口"的意思 (还有一种写法是  ,

下面是一个"曰"字, 也就是说话的意思)。

"口"就是嘴, 是用来说话的。所以, 古文的

"书"字, 本义就是用笔来说话的意思。

中国人归纳一个人的基本语文能力，一般用四个字来表达，叫作"听、说、读、写"。其实这是两组对应的概念，"听、说"是口头语言活动，"读、写"是书面语言活动。从另一个角度看，"听"和"读"是对应的，"说"和"写"又是对应的。"读"就是用眼睛在"听"，"写"则是用笔在"说"。汉字的"书"字，本义就是写的意思，造字者早就明示：写就是用笔说话。古人在这方面的认识是非常清楚的。

值得注意的是，繁体字的"画"和"昼"

字里面，也有这个手握笔杆的形制，分别写

作"畫"和"晝"（注意："晝"的下面是一个

"旦"字，而不是"書"的下面加一横）。什么

缘故呢？原来，"画"这个字本义是在土地上

画界的意思，甲骨文写作 [甲骨文字形] 。那么，"昼"

就是给太阳画出界限——，比如说

从日出到日落，这就是太阳所占有的时段。

而这个时段，正是白天，也就是"昼"。这个

字还有一种写法更明白，直接就写作 回，

真是界限分明，一看就懂!

昼

太阳的步伐

既然谈到了"昼",就顺便谈谈时间吧。

时间对一个人来说,几乎就是他的全部。你活着时所拥有的一切东西,在你时间终止的那一刻,对你而言就变得什么都没了。

人类这个物种,据说有两百万年的历史,而人的一生,一般都不会超过百年。如果把两百万年压缩成一天,那么,人的一生有多长呢? 大概就是四秒钟——"嘀嗒、嘀嗒、嘀嗒、嘀嗒",就这么四次声响属于你,然后就结束了。所以说,珍惜时间其实是你对自己生命最大的负责。

甲骨文表示时间的"时"字很准确,它通常是这样写的:

它的下面是一个"日"字，表示太阳；它上面的这部分是一个"止"字，

表示脚步的意思。所以，如果你解释"时"这个字，说它是"太阳的步伐"，这

肯定是符合古人造字时的意思的。

太阳怎么会有步伐？这其实并不难理解，拿一天来说吧，早晨太阳从东方升起，傍晚又从西边落下……古人认为，这就是太阳在天上的行走。既然有行走，当然就会有脚步。古人为了捕捉太阳行走的脚印，发明了日晷。

日晷

圆盘上竖着的那根针，叫作"表"，是"脚印捕捉器"。阳光透过竖针投下的阴影，是它行走留下的身影。人们在这身影下的石盘上，刻出一道道的记痕，这就是太阳的脚印。太阳在天上不停地走，我们在地下使劲地跟，是太阳引领着我们走向明天的。所以，我们至今还把每一天称作一个"日子"。

"日子"总是跟太阳（）有

关。古文字中的"日"字，也有写成这

样的——㘔。中间的那个"乙"，

表示"气"的意思。说明在古人眼里，

太阳很大程度上是气态的。

　　每天早晨，太阳出来了，这就是

"旦"字。——像不像一轮红日升出

地平线的样子？

旦

暮

到了傍晚，太阳落下了，写作

（"暮"字）。最早的"暮"其实就是我们

今天常用的那个"莫"字，后来"莫"有了

其他意思，所以才造出一个"暮"来专门

表示日落。所以古文的"莫"就是这样写

的——　。中间是一个"日"，也就是

太阳，落到了草丛中，表示天快黑了。

莫

暗

冥

如果天完全黑透了，那就是"暗"——，表示太阳被什么东西给

完全盖住了。古人把暗夜叫作"冥"，也是太阳被盖住的意思，字形跟"暗"

很相似—— 。

那么，中午是什么呢？这似乎没有一个很确切来表示的字。我想了很久，发现中午其实就是"中"。这是我个人的看法，不妨详细谈谈。在古文字里，"中"字通常是这么写的——

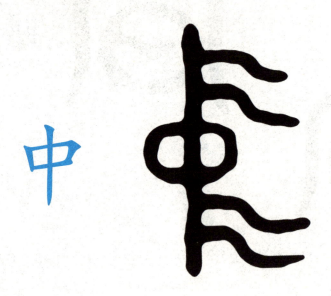

一般解释，都认为这是在一块空地的正中央插了一面旗。但是这看起来有点牵强。你看这个  ，它像旗吗？望文生义地看，有点像。但是为什么旗杆的下面还有飘带呢？难道是它的影子吗？都不太有说服力。其实"中"字还有另一种写法，见右图：

平

于

乎

请注意它的左上角和右下角——两束飘带状的东西，变成了两个反"S"型符号。这应该是古之"气"字，在篆书"平"、"于"、"乎"这些字里面，都有这个字形。

这似乎可以证明，那两道飘带状的线条，就是表示一种气，跟旗没有什么必然联系。

"中"字还有一种更简便的写法，写作  。

——难道是只剩下旗杆了吗？看来，换一种解释可能比较有益。

我的解释是："中"的中间那个圆圈，是太阳；一竖，表示直射；四道飘带，表示日到中午，阳气正旺盛。所以金文里面，"中"字也写作 。这就十分一目了然了。也就是说，"中"的本义，可能就是中午，表示太阳直射。

每一天，太阳都在赶路。人类坐在地球上，看着这时间的旅程。日复一日，不知不觉地，地球也绕着太阳转了一圈。这一圈下来，也就是一年。

甲骨文对"年"的写法，有很多种，造型上的区别并不很大。在对"年"字的很多种写法中，我觉得这个写得最好看：

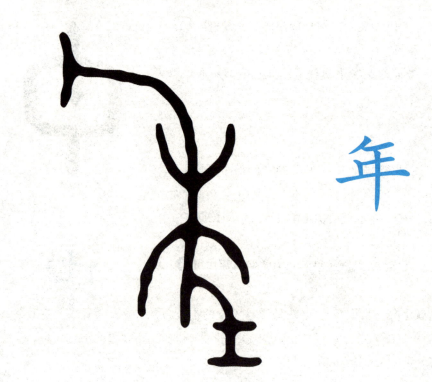

年

它写得特别有仪式感，一点都不怠慢。而这

个更常见的"年"字——，写得就没那么好

看了，松松垮垮的，好像年景不是特别好。

"年"字上面这个 （"禾"字）造得很巧。

它其实是从 （"木"字）化来的，泛指植物。

这植物的头顶延长下垂，表示庄稼结穗了，穗结

得很饱满，耷拉了下来。下面的  是一个人（也

有一种观点，认为"年"字下面应该是"匕"字），这人的背被庄稼压得微微

弯曲，可见收获不小。收获那么多，估计他们家种的是袁隆平培育的那种杂

交水稻。所以，古人在创造这个"年"字时，是暗含有丰收的意思的。

从这个意义上看，一年中春、夏、秋、冬四季，只有"秋"有个"禾"字旁，就比较好理解了。因为秋天是个丰收季节。

跟"年"字造字方法相似的，还有一个"秀"字，古人是这么写的——。它上半部分也是一个"禾"字；下半部分呢，现在的字形是一个"乃"字，但从古文的形态分析，它其实也是一个"人"字。我们不妨把"年"字下面的"人"跟"秀"字下面的"人"放在一起比较一下，可就有意思了。

左边这个  看上去还好，右边的  可就惨喽。看他样子，是完全

被庄稼压趴下了，气喘吁吁的（古"乃"字就有气喘吁吁的意思），可见他们

家的庄稼，比谁家收得都多。所以，"秀"字也含有大丰收的意思。

年的身份证

既然地球总是不停歇地绕着太阳转，每转一圈，就是一年。年头多了，怎么区分它们呢？古人想了半天，发现最好的办法就是给每一年编个代号，然后就很容易确定它们的身份了。每一年的代号，相当于它们身份证上的名字。

我们今天还常说"今年是龙年"或"今年是虎年"什么的，这也是一种"年"的名字，相当于"年"的小名。正规的说法，这叫"十二生肖纪年"。

按我们中国古人给年排出的十二生肖顺序，2008年是鼠年，2009年就是牛年，到了2010年，那就是虎年了。十二生肖的顺序是这样依次排列的：

鼠—牛—虎—兔—龙—蛇—马—羊—猴—鸡—狗—猪

它们各有一个更文雅的代号，一般称作"十二地支"，分别是：

子—丑—寅—卯—辰—巳—午—未—申—酉—戌—亥

这是它们所代表的动物的古字：

鼠　　　牛　　　虎　　　兔

龙　　　蛇　　　马　　　羊

猴　　　鸡　　　狗　　　猪

十二个字中，我最喜欢的是猴—— ，看上去很可爱。我还见过一个更可爱的"猴"字，是这样写的：

有人把这个字解作夒，读音跟猱相同，也是猿猴的意思。

是不是显得更顽皮？大概是猴子生性过于顽皮，很难捉得住它，所以我们中国人喜欢把那些看起来遥遥无期的时间称为"猴年马月"。其实，猴年也不是那么难以期待的。比如从今天算起，简单推算一下就知道，下一个猴年应该是2028年。

 字我也比较喜欢。其实，古代对"龙"字比较规范的写法如右图。

从这个字里，我们大致可以看出龙的长相。头上的那个 ⩔ 表示龙是

长角的；头部的 ⩗ 显示它有一张大嘴，嘴里长着又尖又利的獠牙；ʗ 是

它的身子，说明它身子长得像蛇，可以自如扭动。——你看，汉字就这么形

象！

　　前面我们讲了十二生肖的古字，那是古代标记年份的一种办法。那十二个字号，一般称为"地支"。跟"地支"相配的，其实还有一个标记时间的序列，叫做"天干"。这里我们就来说说这个"天干"。

　　天干一共十位，即：甲、乙、丙、丁、戊、己、庚、辛、壬、癸。它们的古字，分别写作：

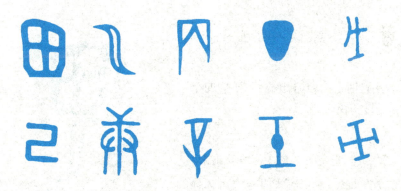

　　在古代，严格地标记年份，还不能只是"今年是猪年，明年是鼠年"那么简单。而是把"天干"跟"地支"各取一个字，排在一起进行标记。比如说，2008是"戊子"年，那么2009年就是"己丑"年了，依此顺推，那么2010年的年份我们也很容易知道，那应该是"庚寅"年。

有一种有趣的说法,认为"天干"这十个字其实是表现一个人身体从头到脚的不同部位的。比如说,甲()表示的就是一个人的头,这我们在"鬼"字那里见到过;乙(）是脖子;丙(）像一架宽宽的肩膀;丁（ ）一目了然,像一颗心脏⋯⋯

我们把它们粗略组合一下,这四个字就成了这个样子——

头

脖子

这一排列,一个人的上半身就出来了。从这个方面看,"天干"似乎包含着人体的某些秘密。这方面的学问太复杂,这里难以展开了,我只能说:"天干"、"地支"里面包含着很多中医阴阳的道理。这一点,大家可以自己去研究,这里就不多讲了。

肩膀

心脏

四季: 春

　　地球绕着太阳旋转, 是有一个角度的, 一般我们把顺着这个倾斜角度圈出的剖面叫做"黄道平面"。这怎么理解呢? 比如说吧, 在地球的南极和北极之间画一条线, 再在地球跟太阳之间画一条线, 这两条线如果是一个直角 (也就是90度角), 那就说明地球的身子是正的。但是, 地球的实际公转并不是这样的, 它的身子是倾斜的。

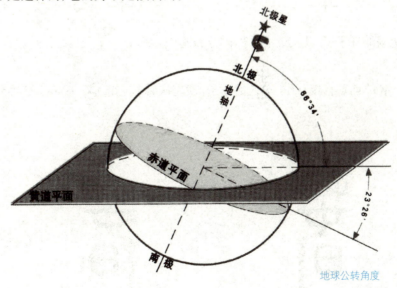

地球公转角度

正是这个倾斜角度，把地球上的一年分成了春、夏、秋、冬四个季节。下面我们就分别看看跟四季相关的一些汉字。先看看春天的这个"春"字。

平时我们看见描写春天的诗文，总会跟草木有关，不是枝头吐出了嫩芽，就是小草染绿了山坡。其实，这是一种很古老的思路。古代人写的"春"字，是这样的：　。如果把它左右翻转一下，变成　，这就有点接近我们今天写的样子了。其实最早的"春"字没有中间那个　（也就是今天写的"屯"字），而是直接写作　的样子。我每次看见这个　字心里都很高兴。

春

这个字的上面是一个有点变形的"木"（  ）字，下面的 ⊌ 其实是一个"日"（ ⊡ ）字。大概是因为树木长得过于茂密，太阳（ ⊡ ）都被它遮去了半边，成了 ⊌ 这个样子。而上面那棵树长得似乎有点幸灾乐祸，你看它的叶子 ，一扭一扭的，简直快把自己长疯了。这么个长法，我都担心它长成脑震荡。——这就是春天，是草木们的狂欢节。

春

俗话说：春生夏长秋收冬藏。意思是说，春天一到，草木们就开始蓬勃生长了；到了夏天，草木长得异常茂密；秋天果实成熟，是收获的季节；秋天一过，严冬来临，草木们落下了叶子，仿佛将自己的身子隐藏起来。可见，"春"是跟"生"联系在一起的。巧的是，古文中的"生"字，有一个是这样写的：

看看它的上半部分，是不是跟 的上半部分有些相似呢？

到了后来的篆书里，"春"（ 图 ）字里面夹进了一个"屯"（ 图 ），其实也还是跟草木有关。 图 这个字，本义是小草长出地面的意思。其中的 图 就是一个"草"字，根画得很长，说明憋了一冬天，正等着春天一到，就要拼命钻出地面呢。上面的那一横，表示地面。所以"屯"本身就有"春风吹又生"的意思，而且它的韵母跟"春"相同，可以用来同时表示读音。

中国人造汉字的时候是相当聪明的！

四季：夏

这是甲骨文中"夏"字的一种写法，似乎跟

季节没多少关系，倒像是一种什么虫。我们也

可以理解为：夏季昆虫活动频繁，所以用它们来

代表这个季节。这个字，金文里有一种写法十分

好看，像是一个身披华彩、捧着太阳在跳舞的

人——  ，表示华夏民族的祖先。但这跟夏

天实在没什么关系。因为找不到跟夏天气候有关

的字，我们只好选一个跟夏天有关的字来谈谈。

夏

夏天一到，最大的季节特点就是河水要
涨了。每个民族的上古神话中，几乎都有一系
列关于洪水的神话，表明今天的人类都是那
些从远古洪水中逃生出来的人的后代。我们
干脆就来看看这个"洪"字。

古文的"洪"是这样写的：

它的下面是一个 ，也就是"水"字。既然是

"洪"，当然要有水，这比较好理解。关键是上半部分的这

个 ，它究竟是什么意思，我也不是很清楚。

我们试着猜测一下： 好像是四只手。这个字的

形状，可以拿另外两个字来参照。一个是"举"字，古文是这

么写的——；另一个是"癸"字，古文写成 。

"癸"这个字，在"天干"的含义中，本身就有"大水"的意

思。而"举"（）的字形，是四只手正在把一个什么东

西抬起来，它也可以写成这样：。

所以我们可以猜测："洪"这个字的意思，大概就是表

示大水把世界给举起来了。

　　在古代，夏天是个忙碌的季节。夏天来了，农活也多了起来。农业是一项跟土地打交道的产业，汉字的"农"字，繁体字是这么写的：

　　上面像"曲"字的字形是两块连着的田地，下面的"辰"表示一种犁末。甲骨文的"辰"字，有的写成这样：，

有的则写成这样：　　　，似乎都有犁的

意思。尤其是这个　　，简直就是一把

倒挂着的犁。

　　最早的"农"字写作左边图例的样子。

 这字下半部分的 就很像支着一片很利的犁嘴。也有写成这样：。上面是两个"木"字,下面是什么不是很清楚,看上去很像是一块地里有一副犁。

后来两个"木"之间多出来一个 （可能是一个"田"字）,演变成这样——。

田

再到后来,那上面的两个"木"字不知怎么的就变成两只手了,写成了这样—— 。

 这个字里面的 也是一种挖土工具,大概是类似于"耒"的东西。

——这就是古代的"耒"字，读作lěi。它的下面是一个"木"字，表示工具上有木柄。上面的那个，就是耒的一种形状。我们把它翻转一下，就可以看出它跟今天的"耒"字相似了——。古代的耒有点像今天的铁锹，是专门用来挖土的一种工具。

四季：秋

有了夏天的耕耘，就有秋天的收获。先看看篆书中"秋"的写法：

这个字拆开来看，有三个零件：左上角的 ，是一个"禾"字，表示稻

谷熟了；"禾"下面是一个"火"（）字，大概表示果实（稻穗）里面能量充

足；右边这个 ，是一个"龟"字，也就是乌龟。

甲骨文的"秋"字有很大不同，写成右面这样：

对这个"秋"字的解说通常是这样的：在古代，秋收之后，要把地里残余下来的秸秆一把火烧掉，这叫焚田之俗。火烧的目的，是把庄稼地里的虫子都给烧死，以便来年播种时，庄稼不至于遭受虫灾。因为这种满地放火的活动都是在秋天进行的，所以古人就以此来表示秋天的"秋"，写作 　。它的上面是一个虫，样子很像我们今天常见的蚂蚱；下面是一个"火"字。合起来，就表示火烧蚂蚱。这是对"秋"字的一种解释。持这种解释观点的人认为，后来"秋"字里面的虫变成了龟是因为写来写去渐渐地写错了，于是将错就错，就固定成了龟字形。因为在甲骨文中，"龟"的字形跟这个"虫"确实有某些相像。

可见，这种解释是有它的道理的。我们把"夏""秋"放在一起，也可以看出它们之间的时间连贯性：

 →

夏天，这虫四处活动，啃食庄稼。到了秋天，一把大火把它们全烧死了。两个季节都用虫来表达，彼此之间就有了一种表达上的连贯性。因此这种解释是比较可信的。

但我们也可以在"龟"字上作更延展的联想。假如不是形讹，"秋"字里面为什么要加个"龟"呢？秋天跟龟有什么关系？

古人认为龟都长寿，甚至认为龟每天只需要采集

太阳的光能就可以活命，不需要吃什么东西。似乎龟很

神秘，所以他们也喜欢观察龟的一切。这从造字上就可

以看得出来。比如说这个 ，是比较晚一点的时期产

生的篆字，不太容易一眼看出它跟龟有什么相似性。我

们不妨把它跟甲骨文的"龟"字比较一下，形象就明显

了——　。翻转一下看看，就是这样：

这是从侧面观察一只趴着的龟的样子,下面有脚,背上有壳,脖子弯曲自如。"龟"字还有很多种写法,比如 ,这是俯视它的感觉, 像是把它的肚皮翻过来看。可见,古人观察龟真是达到了全方位的地步。

古人说:"龟,外骨内肉者也。"就是说,它的好东西全都收在里面,不外露出来。所以"龟"字也可以写成这样: 。外面这个 像是一间房子或一个外壳,里头的 可能表示生命的气血和物质。这不正像是秋天吗?把一切生命的精华都收存起来,用作储备。

这也不妨是一种理解。

在我看来,观察汉字最大的好处,就是丰富和扩展我们的想象力。所以,在面对一个汉字的时候,我们的思维大可不必过于拘泥。

四季：冬

甲骨文的"冬"字，一般是这样写的：

这个造型不是很好理解。一般的说法认为，这其实是古代的"终"字，像一根绳子，两头打了结，表示"终结"的意思。后来用来表示"冬"，算是一种借用。虽然在汉字的发展过程中，确实有很多借用的情况，但是把  解释为"终"，还是不太能够让我信服。因为对季节的观察应该是古人最基本的宇宙观察，造字之初应该会有它一席之地，不太可能拿别的字来借用。

下面，我们试着分析一下这个  字。——我看这个字的时候，总觉得

它有点像冰凌。古代的"冰"字是这么写的：

它右边的字形，是一个"水"字，表明跟水有关；左边这个 形，像某

种坚硬、锋利的东西，表示某种结晶体，也就是冰晶。把左边这个重叠字形

的一部分拿出来，跟  比较一下，可以提供我们一些有益的联想。

由此我们可以作出一种推测， 这个字很可能跟冰有关。篆书中

"寒"字的写法里面，就有一个 字：

既然"寒"是用冰来表示的,为什么"冬"就不会用冰来表示呢?所以我们也可以把"冬"理解为冰封大地的意思。从这个意义上说,我们或许还可以把本篇开始时的那个"一般的说法"颠倒一下来理解:有没有这样的可能——不是"冬"字借用了"终"字来表达,而是"终"字借用了"冬"!冬天是一年的结束,如果时间是一条无形的绳索,那么冬季就是这绳索末端的一个结。古人用字时喜欢采用一种"互训"的方法,训来训去,很多字的源流先后顺序就模糊了。所以我们不一定非把古人的训义视为绝对教条。

　　既然谈到了"冰",我们干脆再说说雪。——到了冬天,最典型的景色就是下雪。大雪一来,遍地白茫茫的,显得很干净。雪一般有两种,一种是鹅毛雪,一种是米雪。在古代,鹅毛雪才叫"雪",米雪叫"霰"。古人更喜欢的是鹅毛雪。因为这种雪落下的时候,轻盈、飘逸、悄无声息,在你毫无觉察之时,猛一开门,发现世界已经换了新装。这很容易使你眼前一亮,顿生惊喜。唐诗有一句:"忽如一夜春风来,千树万树梨花开。"说的就是鹅毛雪。

古人很喜欢雪，所以他们造出的"雪"字，也非常有诗意。我们不妨看看它的长相：

它上面的那个 𝌆，是一个雨字头。甲骨文的"雨"字是这样写的——𝌆。上面一横，表示天；横下的六点，表示雨点。为了写起来更简便，所以更多的"雨"字后来都写成了这样：𝌆。因此我们可以肯定，𝌆 就是一个雨字头。

"雪"字下面的  比较有意思，它就是现在的"羽"字，表示鸟类的羽毛。意思是说：雪花飘飞的时候，就如同漫天飞扬的羽毛。所以， 这个字形完整的含义，就是："像羽毛一样从天飘落的水"。

可见，把雪称为"鹅毛雪"并不是现代人的独创，在仓颉那个年代，人们就已经这样感受了。

指手画脚的空间

谈完了时间，我们再来看看空间。

现在都提倡"以人为本"，这是观念进步的表现。在古代，有一组表示方位的字也是以人为本的，那就是"前、后、左、右"四个字。其实，准确地说，这四个字的"以人为本"，应该是以人的手脚为本。我们可以把它们所标示的那个空间，称作"指手画脚的空间"。

先来看看"前"字。甲骨文的"前"字很有意思，写作这样：

中间的那个 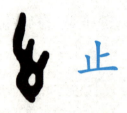，是一个"止"字，表示人的脚掌。它下面的 ，是一条船，也就是今天的"舟"字。两个字合在一起，表示一个人站在船头。它们两旁的 ，是一个"行"字，也可以表示河道。古人解释说："不行而进谓之前。"意思是说：不用走路身子就可以向前进。这字有一种偷工省力的意味，得意洋洋的。每次看这个字，我总觉得古人挺懒的。

再来看看"后"字：

丝

这个字下面的字形比较明显，也是一个"止"字（  ），表示脚；左上

方的 是"行"字的半边，也表示行走或道路的意思。比较费解的是右上

部的这个 。我们试着分析一下：它的主体，是一个表示"丝"（ ）字

的字形： 。但是这个 的中间，却有一个莫名其妙的 ，这是

什么意思呢？

我们可以回到它的整个字形上来做一些猜想。这个字里，有脚，有路，说

明它跟走路有关。在走路的过程中，遇到一些*丝丝绊绊*的东西，也许那个

中间的　　就是脚绊在丝上的形状。这个　　我们还可以理解为脚。

这可以找到根据——如果把　　的下半部分看成一个整体的话，它其实

是　　这个字。这个字就是"止"字的一种变位。甲骨文"止"写作　　，

我们把二者角度转成一致就一目了然了：

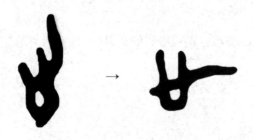

可见，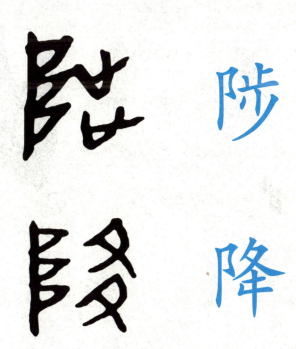 就是脚被丝索绊住的意思。脚被什么东西绊住了，自然就走得慢，于是也就落在了后面。古人用脚来表示方位、场所或行动是一种很普遍的方法。我举个例子："陟"（读音跟志气的"志"相同）这个字是登山的意思；"降"的本义是下山（或下坡）的意思。这是两种行动方式，古文是怎么表示的呢? 我们可以看看：

陟

降

它们左边那个像锯齿似的字形, 是"阜"

字的最初写法, 表示小山坡。右边是两个叠

在一起的"止"（）字, 显然是表示两只

脚一前一后正在走路的意思。脚趾向上就是

"陟", 向下就是"降"。从这两个字, 我们也

就可以判定 字的具体造型含义了。

脚趾

脚跟

除了"前"和"后"之外,"左"和"右"的写法也跟人体四肢有关。它们的区别只是在于:"前"和"后"是用脚所处的环境来表示的,而"左"和"右"则跟手所做的事情有关。我们来看看"左"、"右"两个字的写法:

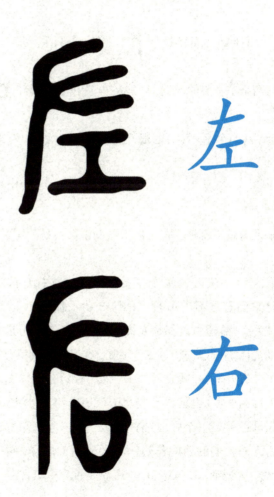

它们左上部的这个 ⺒，都是一只手。所以，

这两个字主要的区别，只是在右下角的 工 和 口

上。这两个字，其实也很好辨认，一眼就可以看得

出来，一个是"工"字，一个是"口"字。——用手

来帮助做工就是"左"；用手帮助说话就是"右"。

　　我刚认识这两个字的时候，左看右看都觉
得它们有点不讲道理。凭什么动手做工就该是
"左"？难道古人都是左撇子？而手又怎么能够帮
助说话，并且就成了"右"字呢，难道在说哑语？

　　有天晚上，我在看史书，忽然看到有记载说，
上古的史官（也就是专门写国家历史的官员，比如
司马迁就是一个史官）有"左史"、"右史"两种。
古人对他们的功能作过一种很概括的解释，叫：
"左史记动，右史记言。"意思是说，左史官专门

管记录国家发生的大小事件，而右史官管的则是记录皇帝和官员们说过的话。"左史记动，右史记言"这句话，出自上古《礼记》。后来也把这话说成是"左史记事，右史记言"。大致的意思是说，朝廷的高级秘书分为左、右两班，称为"左史"和"右史"。左史的工作主要是记载事情的来龙去脉（比如《春秋》、《史记》那样的书），右史的工作，则主要是起草文件、布告什么的（比如《尚书》那样的文字）。这就是他们的基本分工。

这跟"左"和"右"的意思不是恰好吻合嘛！"工"总是跟做事有关，而"口"除了吃饭，主要就是用来说话（也就是"言"）的。从这个意义上说，"左"、"右"这两个字，很可能是上古史官文化形成后才产生并固定下来的。这算是我对"左"和"右"的一种猜想。

借题发挥的空间

另一些表示空间方位的汉字，是通过"借题发挥"的办法来表达它们的意思的。这些汉字有：

上、下、内、外、东、南、西、北

我们先来看看"上"和"下"：

这两个字造得很通俗易懂，简直是一目了然。那一横，表示地平线。横上加一点，表示"上"；横下加一点，表示"下"。这是借地平线来发挥说事。

与"上"和"下"的一目了然不同，表示"内"和"外"的字形比较复杂一点。"内"字的外沿是一个表示房子的字符 ∩，里面有一个"人"字，人呆在房子里面，这就是"内"。

这还算比较容易理解。但是"外"字就复杂了，"借题发挥"发挥得有点远。在甲骨文中，它的右边，是一个"月"字，这个月亮不是太圆，可能刚升出来，或是快要落下去了。它的右边是一个"卜"字，表示占卜的意思。古代人比较迷信，往往通过天文的观察，来猜测人间将要发生的事情。这种观察和猜测，有一套复杂的技术程序，这就是占卜。我们也可以这么猜测：如果要以月亮为对象进行占卜活动，你就必须走到户外去，在月亮下面进行操作。也就是，借"户外活动"这个题，来发挥出内外的"外"这么个意思。

内

外

古文字中的"东、南、西、北"也很奇妙。"东"字最好懂，"南、西、北"三个字，指意就比较曲折一些了。我们集中看看：

东　　　　南　　　　西　　　　北

古文"东"字跟繁体字的"東"很接近。它的构成，是"木"字加"日"字，像是太阳初升，被树木掩映，表明太阳在早晨的方位。我们可以做一个等式表示一下：

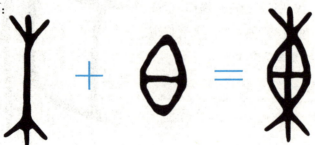

"南"字就稍微复杂一点了。它下面的这个 ，

像一所房子。房子上的 像是树梢。为什么用房上的

树梢表示南方呢? 我们知道, 中国的大部分国土, 都在北

回归线以北, 尤其是上古那些创造汉字的人, 他们居住的

地方都在北方, 也就是黄河中游一带。北方的太阳, 一年

四季都是偏南的。植物趋光, 久而久之, 向南的枝叶总是

长得特别茂盛。而北方的民居, 一般也是坐北向南。也就

是说, 它的门窗都朝南边开, 北边则是一堵厚厚的墙。这

样, 一方面可以抵挡寒冷的北风, 另一方面又便于采集温

暖的阳光。如果住所讲究风水的话, 那么在东南水口的

地方，通常都会植有一片风水林，这也是一种方位。古人也许正是利用树木

和民居的这些特点，借题发挥，用来表示"南"这么一个方位词的。

比较而言，"西"字就更令人费解了。，这个字形，一般的解释，都说它是一个鸟窝。夕阳西下的时候，倦鸟归巢了，借用这个来表示黄昏时节太阳的方位。这种解释，总让我觉得并不是特别扎实。究竟应该怎么解释更好，我也没有想得很清楚。

"北"字比较没道理可讲。这个字原来是表示"背"字的，像两个人背对背，仿佛反目成仇的样子。后来因为读音相同，才借用过来表示北方的"北"字的。

这些汉语中的方位字，好像大都造得很随意，没有什么一致性的规律。似乎古人都很情绪化，懵里懵懂的，兴致一来，就顺手画出个符号，久而久之，便固定下来了，成了文字。好在语言使用多是一种约定俗成的习惯，习惯形成了，"无理而妙"也是一种妙趣。

数目字

　　在古代的数目字里面，一、二、三、四都比较简单直观，一画就表示一个数位，不用做多少解释。它们的字形如下：

一　　　二　　　三　　　四

到了"五"以后，就稍微复杂点了。古文中的"五"并不是顺理成章地画上五横，而是写成这样：

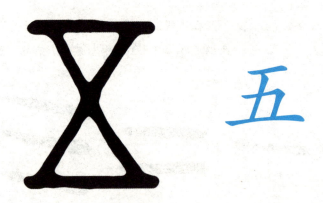

古人对它有一个特别宏大的解释，说是：上面一横表示天，下面的一横表示地，这就把世界全包括在里面了。中间的 X 并不是指天地做作业做错了，得了一个叉，而是指阴气和阳气，在天地间交汇运动、构成风云寒暑……这简直是一个铺天盖地的概念了。我大胆猜测一下，古人对数字的认识，可能有一个"五进制"的过程，也就是只用一只手上的五个指头来计数。后来把两只手加在一起，才形成十进制的概念。所以到了"五"这里，才会忽然弄得这么夸张。我们可以给它起个绰号，叫做"天地一把抓"。

"六、七、八"可以放到一起来看：

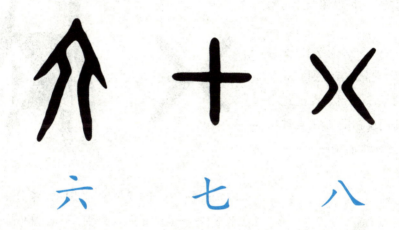

六　　　　七　　　　八

据古人的解释，"六"这个字，上面的 ∧ 是一个"人"字，下面是一个

"八"，也就是略有变形的 Ж 。当然，这背后还有一套复杂的阴阳变化的

道理，我们不必去管它，只需要大致知道，"六"的意思就是数目越来越多，

很快就要进入"八"了。

"七"字看上去四平八稳的，倒是很像今天写的"十"字。

"八"这个字比较有意思，它其实有点像"北"字的某个局部。我把这个局部用反白的方式表现出来，显示如右图：

古人解释"八"的意思说："别也，象分别相背之形。"——也就是两人分别，互道"再见"的意思。有趣的是，我们今天在网上聊天，也经常会用"88"来表示再见，真是太符合上古的风范了，简直是返璞归真。

"九"这个字有一种气象万千的气势。它的比较完美的写法见左图。

它的那道弯弯扭扭的曲线，表示一股阳气，正是蓬勃盛大的时候，简直弥漫了宇宙，无可阻挡。这股气势最后走向完满，凝结在上下四方的中心，不偏不倚，也就成了"十"。

"十"跟"七"的区别，仅仅在于中间多出一个实心的圆点，似乎是更有着落了。左下图是"十"的另一种写法，也很有意思。

它的上面，是一个"五"字，含有气象万千的天地之寓意；下面的符号，同样表示一种凝聚。俗话说"九九归一"，归到哪去了呢？大概，就是归到这个 里面去了吧！

甲骨文的"百"字是这样写的：

它的上面是一个"一"字，下面是"白"。为什么"一"变"白"了就是"百"呢?《说文解字》说法是：百是一个比较多的数目，值得对人做一点告白了。比如说，你考试得了100分，那确实是值得拿出来炫耀炫耀的。但我总觉得这说法多少有些勉强。

"千"字也很有意思，它的字形如左图。

它的主体这个 ⟨形，是一个"匕"字（也有一种

观点认为它是一个"人"字，但是我更倾向于认为它

是"匕"）。在上古时代，"匕"的意思也指"人"，甲

骨文一般写作 ⟨，背部低伏，谦恭不已，应该是一

类身份较低的人。大概因为这类人比较多，所以借

用来表示数目较大的"千"字。他腿上画的那一横，

可能就是一种强调，表明这个字特指数量的意思。

135

"百、千、万"里面最有意思的是"万"字。说到这个字，我们得先看看它的繁体字形：萬——草字头，下面一个"禺"。是不是说明它跟草有关呢？其实这里面有个误解。我们不妨先看看甲骨文中的"万"字是怎么写的：

前面有一对张牙舞爪的钳足，后面有一个翘起来的尾巴，这个字形像什么呢？我们把它与左边这张图片比较一下就清楚了。

不错，甲骨文的"萬"字，其实是一只蝎子。随着文字不断的演变，它后来也产生了不同的写法：

显然，后来的草字头，是误认了那两只钳足的缘故。因为它们的形体确实比较相似：

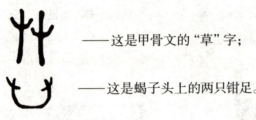

——这是甲骨文的"草"字；

——这是蝎子头上的两只钳足。

粗枝大叶地看去，很容易把它们张冠李戴。

蝎子跟"万"字有啥关系？这个问题，向来说法比较含混。一般认为，它只是一种简单的借用。但是，这种观点的说服力并不是很足。这个问题，有待于我们今后去进一步研究。

网络时代的时髦汉字

近些年有一个汉字，在网上很流行，被誉为"史上最牛的汉字"。这个字本来已经很少使用了，不知在哪一天，也不知被什么人忽然发现了，于是莫名其妙地风行了起来。这个字就是：囧。它的读音，念 jiǒng，表示明亮有神的意思。有趣的是，它的造型看上去有点愁眉苦脸的，似乎跟它的意思并不符合。有人给它做了一个带点卡通风格的演示：

八字眉耷拉着，显得很沮丧；下沉的嘴巴，有点苦大仇深……一看就是张郁闷的脸。这个字，甲骨文里有没有呢? 还真有! 它的字形是这样的：

比较规范一点的写法，则是这样：

后来到了篆书中，它被规范成这个字形：

它的意思，古人有过说明，叫"窗牖丽，廔闿明"，也就是窗子里拥满绚烂的阳光，屋子格外亮堂的意思。它外面的那个圆圈，应该就是表示窗户。古代建筑的窗户，很多都是圆的，而不是方窗，这至今在很多园林建筑上都还能够见到。圆圈内的那些小笔画，表示阳光斑斓，有点眩目的样子。可见，它本来的含义，其实是很阳光的，一点都不沮丧。网上根据它的字形进行拟人化的联想，给了它一个沮丧的含义，也算是一种有趣的创造。

后来有人又翻出了这个字——槑，两个"呆"字摆在一起，看上去更傻。这字念什么呢？其实说出来大家都认识，它就是梅花的"梅"字，相当于一个异体字。我们也来说说这个字。

这个字的古字是这样写的：

看得出，它们中间都有一个 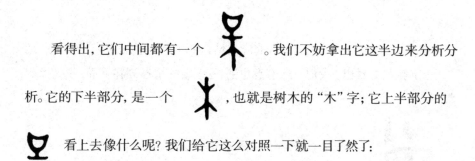。我们不妨拿出它这半边来分析分

析。它的下半部分，是一个 ，也就是树木的"木"字；它上半部分的

看上去像什么呢？我们给它这么对照一下就一目了然了：

　　像不像一朵花？而且字里画得很明显，这花是开在树木上的，不是开在草上的。于是，古人就用 来表示梅花。梅花是冬天开放的花，越是风雪严寒，它越是昂首怒放，所以古人都很敬重它，认为它是不怕困难的典范。

其实，在古汉字中，还有不少充满表情色彩的字。比如说"天下为公"的"公"字就很有意思。我把一些有意思的"公"字的字形列在下面，供大家想象：

 ——这个"公"字在傻笑，像个新郎官；

 ——这个"公"字吹胡子瞪眼的，脸拉得老长，相当严肃；

 ——这个"公"字像在打呵欠，快睡着了；

 ——这个"公"字一脸幸福状，快结婚了吧；

 ——这个"公"字一脸惊愕，估计在看恐怖电影……

你看，一个"公"字竟变出这么多种脸孔，比"囧"的表情丰富多了吧！

岁寒三友

前面说到了"梅",于是想起了岁寒三友。顺便也谈一谈它们吧。

其实,不畏严寒的不止梅花一种,比如说松树,也是不怕寒冷的,它们到处生长,一直可以把自己的身影覆盖到西伯利亚的雪原。竹子也不怕严寒,北京有一个紫竹院,那里竹子冬天碧绿,在大雪过后,白绿相间,是著名的一景。古代人看见这三种植物都那么不惧冰雪,认为它们一定在冬天里有着什么默契,于是给了它们一个雅号,叫"岁寒三友"。

三友之中,"梅"字我们前面说过了,这里就不再多谈。"竹"字()

也没什么特别可说的,就是画的几张竹叶,直接象形,一目了然。

松

倒是这个"松"字比较有说头，我们不妨专门来说一说它。

"桃李盛时虽寂寞，雪霜多后始青葱。"这是唐代诗人李商隐对松树的评价。

"松"这个字很有意思，我们来看看它的写法，见左上图。

这是最常见的金文写法。它的左边是一个"木"，右边是一个"公"，仿佛表明它是一根大公无私的木头，或是一根雄性的木头似的。虽然这不是这个字的真正含义，但确也有点像它的品格。在古人的笔下或器下（很多字是用利器刻成的），

"松"字还有一些奇怪的写法。比如这两个字：

它们都被认为是"松"字。我刚看到这两个字的时候，第一感觉是：这该

是梅字才对呀！你看左边那个字，它里面的那个 ，分明是  字的半

边嘛。但是看到右边这个 ，才发现这个字应该是"松"。为什么呢？我

们来看看它里面的这个 ，可以对它做一个分解：

这么一看就清楚了， 其实是一个"公"字， 则是一个"木"

字。所以这个字应该是"松"，而不是"梅"，这是比较清楚的。让人不太好理

解的是在这个"松"字外面，为什么还要加上这样两个罩子：

难道古代人所说的松，是种在温室里面的松树吗？这实在显得有点多余。我们不妨试着分析分析。

既然要分析，就要先找思路，而寻找思路最好的办法就是观察。仔细看一看就会发现，八、门 这两个形状，像是屋顶。前面我们也谈到过"家"和"室"字的写法，在它们里面，也都有这种造型：

这种造型后来被固定成一个偏旁，就是"宝盖头"。这么看的话，那些松树好像真就是种在屋子里的了。其实没这么简单。这个宝盖头当然是代表屋子，可是把别的事物形容成屋子也可以用它来表示。比如古代人写诗说："天似穹庐，笼盖四野。"所谓"穹庐"，就是屋子的意思。我们今天不也常说"天当房，地当床"的嘛！可见  这个造型，也可以比喻为天。

这里可以举一个例子，就是前几年刚被撤销行星资格的冥王星那个"冥"字，古字是这样写的： 。它的里面是一个太阳，外面是一个罩子……太阳被罩住了，所以天就暗了。这就是"冥"的意思。你看，它就有一个 。

有意思的是，冬天的"冬"字有一种写法跟这个"冥"很相似。我们把它们摆在一起看看。

冥

冬

冬

里面都有一个太阳，外面也都有罩子似的东西（当然，这

个  的种变形）。不同的是，

下面那个字的罩子扎得更紧、更严实罢了。可见，形容阴暗、寒

冷的情况，也可以用这个 来表达。

　　从这个意义上看， 字外面的那个罩子，可能表达的

就是天寒地冻、冰天雪地那样一种局面。正是在这种局面下画

出来的松，才更显出它的特点。陈毅元帅以前写过一首诗，说：

"大雪压青松，青松挺且直。要知松高洁，待到雪化时。"可见

在冰雪的背景下写青松，才更能凸显出青松的个性。这个

字的造型，大概说的也是这个道理。

动物领袖

现代人认识到动物对于环境平衡的特殊意义，所以都提倡"动物权利"或"动物保护主义"，认为人和动物在生命的层面上是平等的。我们就来看看古人眼里的动物。

现代的动物分类法比较繁琐，我们不去细说它。中国古代先民也有自己的动物分类法，他们把动物一律视为"虫"，共分成五类，分别是：羽虫(禽类)、毛虫(兽类)、鳞虫(鱼类及蜥蜴、蛇等有鳞的动物)、介虫(也称甲虫，指有甲壳的虫类及水族)、倮虫(也称嬴虫，指人类及蛙、蚯蚓等)，合称"五虫"。每一类"虫"都有自己的最高代表。人只是倮虫类的最高代表。可见，在古人眼里，人跟动物本来就是平等的，他本身就是动物中的一种。

羽虫类的代表是凤凰。

　　所谓"羽"，就是指"羽毛"，像家禽中的鸡、鸭、鹅、鸽什么的，都算在这一类。古人说凤凰的长相是"鸡头、燕颔、蛇颈、龟背、鱼尾、五彩色、高六尺许"。简单地说，就是一个会飞的"四不像"。大概因为凤凰是会飞一族的领袖，整天在天上转，不屑于地上的俗事，所以古人认为它特别高洁。高洁到什么地步呢? 据说凤凰这种大鸟对起居饮食特别挑剔，非梧桐不栖，非澧泉不饮，非竹米不食。就是说，它只在梧桐树上休息，只喝高山流出来的矿泉水，只吃竹子结成的米粒。这三项里面，最后一项比较麻烦。因为我们知道，竹子是一种多年生的草本植物，其实不是树，而是一种大草。确切地说，它是禾本科，跟水稻是一家的。竹子的一生，只开一次花，结一次穗。开花结穗过后，它就会自然死亡。既然凤凰只吃竹子结出来的米，那得等多久才能吃上一顿呢? 所以我估计，凤凰是一种非常扛得住饿的鸟，吃一次饭可以管很多年。

“凤”字的写法很浪漫，显得婆娑恣意，给人一种舒展飞扬的感觉。我们不妨来看看几个“凤”字：

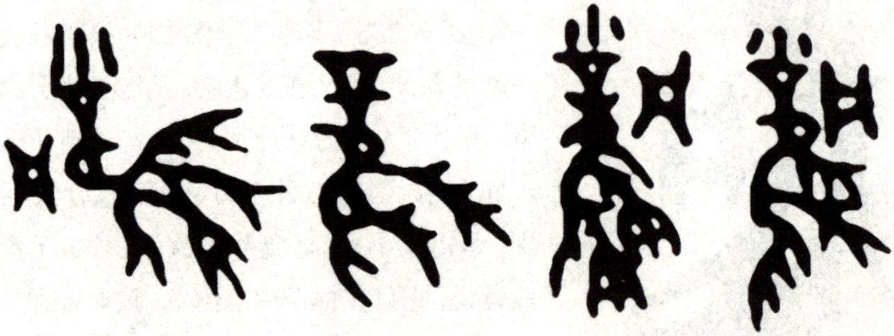

仔细分析一下就可以看出，它们的构成元素里面，有“鸟”字—— 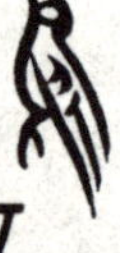，有“羽”字—— 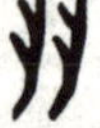，还有“辛”字—— ，当然，每个字结合在“凤”里面都有些或大或小的变化。值得注意的是，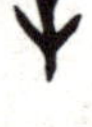这

凤

羽　　州　　辛　　Ʊ

龙

个字在"龙"（ ）字上头也存在，说明它们都

具有某种特殊的神圣性。古代的南方民族和东夷

民族都是崇拜鸟类的，归根结底就是"凤"的崇

拜者，因为凤是鸟类的总管。《诗经》说"天命玄

鸟，降而生商"，意思是说：殷商的先民是"玄鸟"

的子孙。殷商人正是东夷民族发展而成的。

这个"玄鸟",《说文解字》说它就是燕子,古人也常用"燕燕"这个词来表示轻松与高兴的心情或场面,这看来是有根据的。先看看甲骨文中"燕"字的写法吧:

右边那个我最喜欢,因为它动感十足,似乎在有形的线条背后还能够让

人感到风的存在,真是栩栩如生。从这些字形中,我们可以看到明显的直接

摩图画形的痕迹。这表明,这个字肯定是比较古老的,不像鸡(　　)、雉

(　　)那样已经进入了形声表达的阶段。

鸡

雉

历来两广地区（广东、广西）的人民对燕子都有一种特殊的敬仰，从来不会射杀它们。这可能是受夷、楚文化那种燕子崇拜的影响，因为楚文化的势力历史上东扩得很厉害，同样崇尚燕子。这在考古上是有资料可证明的。举例说吧：湖北是古楚地，那里发现过一个"曾侯乙墓"，里面的棺盖上就画有燕子造型的羽人像，跟今天一些燕子造型的民间剪纸十分相似。

我们很容易看出，这两幅画的造型，其实跟甲骨文

中的"燕"（）字造型十分一致，是燕子的正面形

象。大概是因为崇敬鸟类的缘故，古代楚国人还喜欢把

文字写得像鸟一样飘逸升腾。后人把这种字体称作"鸟

篆"（也称"鸟书"）。看看下面这几个字形：

这就是鸟篆,写的是同一个字——"王",但变化和装饰的成分很多。书体写得十分夸张,有很浓的设计感,很能够代表楚文化的审美特点。这种美感特质即便在普通书写活动中也有所表现。20世纪末湖北荆门的郭店出土了一批楚简,上面的字迹怎么看都有一点鸟书的味道:

这一切，显然都得自于"凤"的启发。似乎羽虫类是最能够带给人想象力的一个家族。

再来看看**毛虫类**。它的代表是麒麟：。

麒麟也是一种"四不像"。古人对它的描述是：龙头、鹿角、猪鼻、牛尾、虎背、熊腰……

古人认为：麒麟是一种仁兽。所以一旦发现麒麟出现，就表明有英明的君主产生，国家将获得太平。孔子老年的时候，听说官家打猎打到一头奇怪的动物，他跑去一看，看出来被猎杀的是一头麒麟，左脚都被打断了，样子很惨。孔子扯起衣袖就抹眼泪。人家问他：为什么哭？孔子说：这是吉祥的动物，出现得不是时候，被打成这样，多可怜呐！可见世道已经坏了。所以，遇到不讲道理的保虫，就算麒麟也没什么办法。

毛虫类的家族成员很多，按照今天的分类法，哺乳动物基本上都归这一族。比如说被我们誉为"兽中之王"的老虎，就是毛虫中的大腕，相当于那个组织中的"高干"吧。所以古人通常把"虎"字写得十分威猛：

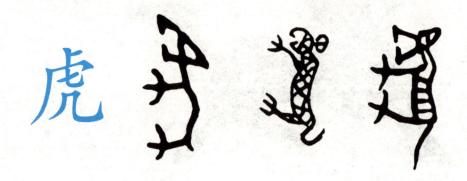

这几个"虎"字的共同特点就是都张着一张獠牙锋利的大嘴巴，极不客气的样子。相比起来，像"犬"（ ）、"马"（ ）这类毛虫就比它温和多了。

《说文解字》这样来解释"麟"字："大牝鹿也，从鹿，粦声。""牝"是雌性的意思，"大牝鹿"也就是大母鹿。可见麟只是被神化了的鹿。古文中的"鹿"字也很漂亮，有一种温和、秀气而又挺拔的气质，我们不妨看两个：

　　这显然也是图画痕迹很重的文字，看上去都挺卡通的。但这里面显然有个问题，那就是母鹿通常不会长出这样的鹿角来。当然，这个问题不是我们这里所要讨论的。我们还是来看看这些字：左边那个更生动些，突出表现了高高的鹿角和它那警觉张望的大眼睛，算得上动物里面的"帅哥"了。也许是因为它长相太好了，古人似乎总是把鹿作为最主要的捕猎对象。有一个字充分说明了这种情况。这个字就是陷阱的"阱"字，甲骨文是这么写的：

尘

甲骨文"阱"字的上面是一只鹿,下面那个U形部件表示一个深坑。从这个字的原始内容中,我们就能够理解为什么鹿的脸上会长着那样一双警觉的眼睛了。

古人表示尘土的"尘"字,也借用鹿来传达,通常写成这样—— 。它的上面是一只正在奔跑的鹿,下面那个倒T字形的符号,是个"土"字。这个画面表示群鹿逃命飞跑时踏起的尘土。可见,身为麒麟也不是高枕无忧的。

鳞虫类的代表是龙：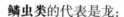

    这也是一种"四不像"——马头、蛇身、鹿角、龟眼、鱼鳞、虎掌、鹰爪、牛耳……

    据说龙是一种善变化、利万物、能兴云雨的动物。古书上说它"能幽能明，能细能巨，能短能长，春分而登天，秋分而潜渊"。我们今天还常说"神龙见首不见尾"，说明龙确实具有变化万端的神秘个性。传说中的龙，在天上可以腾云驾雾，在地上能够横扫千军，在水里可以兴风作浪……基本属于水、陆、空三栖明星。如果比赛搞"铁人三项"——不对，应该是"铁虫三

龙

项"——它拿冠军估计是不成问题的。

古文中的"龙"字形态很多,这也说明它的变化万端。我们不妨来看几

个:

这四个字,都是侧身的龙,从中可以看出繁体字"龍"的形成过程:它左上角的"立"字,是龙角演变来的;左下角的"月"字是长满牙齿的大嘴演变来的;右半边弯弯曲曲的字形,则是龙的身体演变来的。

还有一类古"龙"字，画的是龙的正面像。我们也来看看：

这里面的第一个字看起来很像是外星人。没准"龙"就是一种外星生物也说不定……反正地球上没有。如果说前面那四个侧身的"龙"字共同特点是"张牙"的话，那么后面这四个字的共同特点就是"舞爪"。尤其是前面三个，爪子十分明显。张牙舞爪，说明龙是比较凶猛的。

我们看到"鳞虫"这两个字就会想到鱼身上通常都长有鳞，这类动物应该跟鱼有关。这理解是正确的，因为鱼（甲骨文写作 ）类正是鳞虫家族中最主要的成员。那么，龙的原型是不是一种鱼呢？答案是否定的。现代的学者们研究认为，龙的原型是一种大蜥蜴（也可能是某种体形硕大的鳄鱼，鳄鱼是蜥蜴的近亲）。从龙的兴云作雨、神出鬼没（水中生活习性）这种特性看，加上它总是张牙舞爪、性情凶猛的形象，龙跟鳄鱼倒是颇为相似。

鱼

甲骨文中有没有表示蜥蜴的字呢？我们可以很确定地说：有！那就是"易"字。它的写法如下：

这个字，《说文解字》有过明确解释："易：蜥易，蝘蜓，守宫也。"蜥易就是蜥蜴，蝘蜓、守宫指的是我们今天所说的壁虎（蜥蜴类的一种）。所以"易"字就是"蜴"的本字。这一点，我想没有什么可以质疑的。

对  这个字形做一做分析，不难明白，左边的字符表示蜥蜴尖尖的头，右边那三画应该是表示蜥蜴竖起的鳍刺。我找了一个相同角度的蜥蜴图片，可以直观对比一下：

这一看,就差不多可以看出个大概了。这个字在金文中变得更生动了,更接近于实体形象:

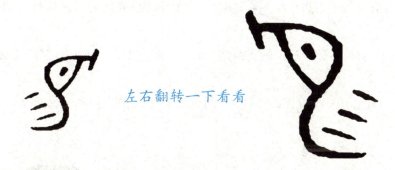

左右翻转一下看看

你看翻转后的那个字形,太一目了然了!从这个字形我们似乎可以推测:繁体字"龍"字的那三横,也许跟这个"易"字的三画有某种联系。由此还可以进一步推测,龙的原型应该跟某种蜥蜴类的古生物相关。

后来的"易"字渐渐演变,发展成这样一些字形:

在这些字形上，我们都可以看到前面所引用的那两个"易"字的形变轨迹。比如说最右边那个 ，其实还是蜥蜴的头部和身子的关系，只不过篆化了。有些人觉得这字的上面像"日"、下面像"月"，据此把"易"字解释成"日月"，进一步发挥出阴阳变易的意思来，这显然是一种望文生义。

介虫类的代表是龟：

在古代，龙、凤、麟、龟这四大动物领袖被称作"四灵"。四灵之中，只有龟是今天仍然实实在在活着的动物，其余三种，都有虚构或设计的成分。这足以见出龟的平易以及不凡。

龟被视为介虫类领袖，可能跟它的自然寿命特别长有关。我们今天还常说"千年王八万年龟"这样的俗语。当然，这是比较夸张的说法，它寿命再长，也不可能活一万年。但是，活到几百年的龟是有的。有些人家养一只龟，可以传上好几代人，先辈的人已经死了，龟还活着，弄得后辈人见着那龟就跟见着自己的祖宗似的。

这一类的动物，为什么叫"介虫"呢？我们来看看古文中的"介"字就清楚了：

左边这个 <img_1 />是甲骨文的写法，中间是一个人，裹着什么东西，形成一

个屏障。右边的 就更明显了，中间的人完全被什么东西包在了里面。我

们可以把这些"包裹物"理解为外壳或铠甲一类的东西。"介"就是裹在身上

的坚硬物体的意思。螃蟹、蜗牛和各种贝类都属于"介虫"，因为它们身上都

有一层硬硬的壳，所以通常也把它们称为"外骨骼动物"。

显然，这些介虫都是归乌龟领导的。比较起来，龟的体形比别的介虫要大，神情似乎也比别的介虫更有灵气些，这可能就是龟成为这类动物领袖的一个原因吧。

倮虫类的代表就是我们人类。

古人说："凡物之无羽、毛、鳞、介，若鼍、蝰之属，皆倮虫也。而人则倮虫之最灵者。""鼍、蝰之属"说的是青蛙、蚯蚓这些东西。

原来我们跟青蛙、蚯蚓是一个类型，这是比较不可思议的。

可以说，现在的地球，是一个由倮虫统治的星球。既然是"统治者"，责任也就最大。承担大责任者，一定要有深刻的反省能力，否则就会犯大错误。人类现在最大的错误，可能就是对生态环境犯下的错误。我们把森林渐渐砍光了，越来越多的土地在沙漠化……这样下去，用不了很久，地球也要变成一个"倮球"了。

五行字

　　上古时代的人，对物质世界的分类往往很简单。比如印度人，他们把世界分成地、火、风、水四大类物质，简称"四大"（这一般说的是外四大，还有内四大，这里就不多说了），人们常说的"四大皆空"指的就是这"四大"。中国古代先民的物质分类法，最典型的要属"五行"，所以"五行"所涵盖的汉字也很多。

　　我相信很多人都知道"五行"是哪五种东西。它们是金、木、水、火、土，念起来真是琅琅上口，好听极了。古人对这"五行"的内容有一种说明："一曰水，二曰火，三曰木，四曰金，五曰土。水曰润下，火曰炎上，木曰曲直，金曰从革，土爰稼穑。"说的是什么意思呢？它说的是五种不同属性的物质在物质运动环境中的独特作用。比如说，火是升腾向上的，水是渗透滋润的，木是随环境不同而曲直生长的，金是破坏旧事物、更新大天地的，土是养育庄稼、维护生命的……这些运动结合在一起，使物质世界变得丰富多彩、生生不息。

　　因为说的是五种运动类型，所以五行不叫作"五物"，而是用了"行走"的这个"行"字来表述它们。"行走"也就是"行动"，代表运动和变化的意思，是动态观念，而不是静态的。五行本质上说的是物质运动的五种方式。

　　文字是用来表达世界的。由于中国古人用"五行"对世界进行了归纳

划分，于是，汉字当中跟"五行"有关的字也非常非常多。我们把这些字称作"五行字"。

　　"五行"有相互生成的顺序，也有相互冲突的顺序，这一般称为"相生"和"相克"。

　　相生的顺序是：

木—火—土—金—水

　　相克的顺序是：

金—木—土—水—火

　　我们将会采取相生的顺序来一一介绍五行字。为什么它们之间是相生的关系呢？简单地说，树木开枝散叶，完成了它的生长周期后，会干枯死亡；枯枝燃烧就成为火；火的能量升腾进入宇宙，剩下的灰烬就成为土；土经过不断堆积挤压，精华的物质凝聚成为金；没有成为金的东西，自然就稀释了，又化为了水；水开始滋润世界，遇到种子，种子又发芽生根，于是开始又一番的轮回。这是一个健康的宇宙，所以我们用这种顺序来谈论汉字。

　　五行中的"木"泛指植物。植物的种类有很多，除了树木之外，还有"草"。据我的判断，草在地球上所占面积，肯定比森林面积要大得多。古人说"天涯何处无芳草"，却不说"天涯何处无森林"，可见草的地位。草有很多种类，其中最著名、跟人类关系最密切的，我认为有两种：一种是庄稼，简称"禾"；一种是竹子，简称"竹"。甲骨文里"草"、"禾"、"竹"这三个字是这样写的：

它们分别形成这样三个部首（反白的部分表示部首），并发展出庞大的字系：

 和

这里面，草字上面的部首 草 和弄字下面这个部首 弄 形状很相似。但它们的内涵其实很不一样，前者是两棵草的形状，后者是两只手的形状。在古代，偶尔也会有弄错的时候。我们看看古文字中"草"和"弄"的写法就清楚了。

草

弄

它们的形状确实非常相似，很难区别。我们可以从位置上对它们进行区分：一般来说，草字头都是写在一个字的顶部。这当然也有例外的，比如莽原的那个"莽"字，它下面的那个字形，其实也是一个草字，意思是猎犬在四面长满荒草的地方搜寻猎物。但是，文字的使用本身就是一种约定俗成，有些定型了的变

化，也不必过于较真。

五行字中的"火"字族，"人丁"也很兴旺，但跟"水"字族比起来，还是少一些。这充分说明，地球是一个以水为主的星球。我们可以假设，如果太阳上面有人，那么他们的文字里面，带"火"字旁的一定特别特别多。

甲骨文中的"火"字是这么写的，看上去像一朵莲花：

光

我们把它跟火苗放在一起比较

一下就清楚了，它其实是描画火苗的

形状而来的。例如甲骨文的"光"字

一般这么写：——千万别以为

是一个跪着的人头上戴了朵莲花。

它的意思是头顶有火照着，表示光

亮。

对人类来说，火是很重要的。如果说水是生命的源泉的话，那么同样可以说：火是文明的动力。火车日行千里，靠的是火。汽车、飞机也一样。人正是借着火的能量，使自己强大起来的。这些交通工具能够动起来，主要靠的都是内燃机。"内燃"就是在里面生火的意思。"然"字下面的四点，也是火的意思。篆书的"然"字里，就还明显地摆着这个"火"——。所以"燃"字里面实际上有两把火，动力能不大吗！

这也就形成了跟火有关的部首：

如果我们选这两个部首的字来造句，大致可以这么造：

燃火点灯照煤炉

土地是人类活动最主要的场所。因此，汉字中的"土"字族也是个大家族。

甲骨文的"土"字样子画得也很土：

　　这字的下面一横表示大地，地上有些要圆不圆、要扁不扁的东西，这就是"土"。古人觉得天地就好像一口大锅，天是锅盖，地就是锅底，所以他们常说"天覆地载"这样的话。意思是说：天在上面覆盖着，地在下面承载着。所以土地就被赋予了一种宽厚、承担的美德，可以包容一切。人们常说乾坤乾坤的，比喻整个世界。乾是天；坤就是地，是世界的一半，所以它用的是"土"字旁。"土"是一个很重要的部首：

但是"土"实在太寻常了，几乎遍地都是，所以也很容易被忽视。我们日常一眼能够看见的土，多半要有些体积。比如说，在大平原上堆出一个土堆，那么，尽管隔得很远，还是很容易看见它。所以在"土"族的汉字里，就有了不少跟土堆有关的部首。

小一点的土堆，叫做"丘"——𝗠𝗔 ；

大一些的土堆，就成了"阜"—— 𝐁 ；

巨大的土堆，便是"山"—— 𝗪 ；

重峦叠嶂的山，那就是"岳"了—— 𝘅 。

从字形上，我们就很容易看出"山"、
"阜"、"丘"、"岳"这些字是密切关联的：

可以这么说：它们只是大小不同的土堆罢了。由此而形成这样两个部首：

这里要特别说说 阝 这个部首。它在具体的汉字里面，有时候在左边，

有时候在右边，分别称作"左耳刀"和"右耳刀"，但是表示的内容是很不一

样的。只有左耳刀旁的字，跟山丘地势有关，像陆、阱、阶、降、险、陷、隆等

等，都含有土地形势的内容。因为，它们才是从"阜"字演化出来的，而右耳刀

旁并不是"阜"字，而是"邑"字的变形。这一点很重要，一定要分清楚。

古文的"邑"字如右图所示。

比如，城邦的"邦"字，篆书的字形是这

样： ，很明显地保存着"邑"字的本来面

目。"邑"的意思，跟人口聚居处有关，所以一些

国名或城市名中，都有这个右耳刀旁。像"邹"、

"郢"、"邯"、"郑"等等，都是古代的国名，表

示人口聚居的地方。我们今天还经常使用到的

一些词，比如邻居的"邻"、官邸的"邸"、城郭

的"郭"，也都是右耳刀旁，而不会是左耳刀旁，

因为它们的意思都跟人居环境有关。

邦

邸

邻

郭

明白这个道理之后，我们就可以得出这样一个结论：右耳刀旁的字不属于"土"字家族。

"土"字家族的字还可以进一步扩展。比如说，山的精华是石（甲骨文

写作 或 ）那么石头的精华是什么呢? 在中国人眼里, 石头的精

华就是玉。"玉"是石头美德的集中表现。于是, 又有了这两个跟"土"有关的

部首:

　　这个像"王"字的部首, 一般称为"斜玉旁"。有"斜玉旁"的字都跟玉
有关。比如说"理"字,《说文解字》解释为"治玉也", 也就是加工制作玉器
的意思; 再比如"瑞"字, 本义是"以玉为信也", 也就是把玉作为信物的意
思。
　　所以, 提土旁、山字旁、左耳刀、石字旁、斜玉旁……这些就是"土"字
家族最基本的部首。

我们还没有解释什么叫"部首"。"部首"的意思可以这样做一个比喻：部首就是不同汉字部落的部落首领，简称"部首"。

"金"这个家族，多有杀伐之气。甲骨文的"金"字是这样写的：

它的字形，像一种坚硬的利器，也有点像弓箭的箭头。我们知道"斤"的读音跟"金"相同，在上古时代，它们的意思其实也很相似。一般认为，"斤"是一种斧头，它的字形如下：

我们前面谈到过的"析"字
和"折"字当中, 都出现过 ⟍ 这
个字形。 的形状就更直观
了,像一个还没有装上木柄的斧
头。比较一下"斤"和"金",都是
一种坚硬的利器,只是摆放的方
向有所不同。如果把"金"字倒
过来,跟"斤"比较一下,看着就
很明显了。

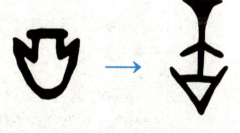

除了斧头之外，刀也是金的一种。所以，"金"字家族就形成了这样一些偏旁：

钊 顶 则 色

凡是有这些偏旁的字，多半都跟"金"有关，也就是说，或是金属制品，或跟破坏、改造、分割、尖利、坚硬……这些意思有关。

比如说：

"锅"——有金字旁，说明它是一种金属制品；

"新"——有斤字旁，说明它含有破坏之后进行重新改造的意思；

"利"——"禾"字右边有一个立刀旁，说明它是庄稼身上锋利的叶子或麦芒；

"负"——有一个刀字头，把贝壳（古代把贝壳作为钱币来使用）都破坏了，也就是亏了……

　　五行字中，"水"族是个大家族。你只要去翻翻一些常用的字典或词典（比如《现代汉语小词典》）就会发现，排列在"三点水"这个部首下的字，数量往往是最多的。

　　水是生命的源泉。前面说过的那种"五虫"的生活，都离不开水。既然生活离不开水，那么跟水有关的汉字数量很多就一点都不奇怪了。甲骨文中的"水"字写法很多，但形状大同小异：

　　最左边这个"水"，看上去有漩涡，大概是一股激流；中间两个似乎水流湍急，两边各画出的三个点，仿佛水流溅起来的浪花，是比较典型的水，所以"三点水"就成了代表"水"字族的一个部首。最右边的那个，则显得平缓、斯文，大概是到了平原地带的水。

古代哲人往往喜欢借水作比喻，来说明人生的道理。老子说"上善若水"，意思是说：最高的道德就像水一样，滋润万物，却不跟万物抢夺营养。孔子说"智者乐水"，意思是说：有智慧的人思想灵活，永不僵化，就像水一样流动不息。《吕览》称水是"蹈深不疑，似有勇者"，意思是说：瀑布从万丈高崖上跌落下去，没有丝毫的犹豫畏缩。可见，水具有仁智勇兼备的品质，简直是十全十美的化身。

水的形态也富于变化——寒冷时凝成冰雪，所以"冰"字的"两点水"也表示水的一种形态；蒸腾后变成雨雾，所以"雨字头"表示另一种形态的水。这就形成了跟水有关的不同部首：

这里值得说说的是"雨"字头。今天有些看上去跟水没什么关系的字，却是用了雨字头，比如"需"、"震"、"霄"之类的，这是什么缘故呢？我们稍微分析一下。

汉字的历史太长，所以几乎每个字都有本义和引申义的情况，拿"需"字来说吧，它的古字是这样写的：

这字的上半部分是一个"雨"，下半部分是一个焦急等待、犹豫不决的人。它的本义《说文解字》讲得很清楚，说"需"的意思就是"遇雨不进"。譬如一个赶路的人，遇到大雨来了，只能找个避雨的地方呆着，不能再走了。所以这个字其实跟雨是有关的。引申出来，就具有了粘滞、不利落之类的含义，比如说"濡"、"嚅"、"蠕"等等，都带有这种意思。我们常说的儒家那个

"儒"，许慎解释它是"柔也"，显然也有这层意思。

"震"字其实也跟雨有关。因为"震"的本义说的就是电闪雷鸣那种震动八方的感觉。它的古字是这样写：

它上下那四个像"田"字一样的东西，就是表示一团团的雷声。

"雨"是从天上降下来的水，所以在一定意义上，它也可以借来指喻"天"。"霄"字大概就是在这个层面上形成的。《说文解字》说"雨霓为霄"，意思大概是指彩云像雨一样的漫天飘飞。古代有个叫颜师古的学者也说它是"日旁气也"。太阳边上的气是什么气呢？不就是天上的彩云嘛！这是一种借用，跟我们前面说的"不是草船也借箭"的思维方式是相似的。

归纳归纳，我们也可以仿照前面谈"火"字家族时的方式，把这些部首的字集中一下，玩一个造"水字句"的游戏，大致可以这样说：

江河汇流泻海洋

冰雪霜冻凝凄凉

是不是有一种稀里哗啦而又哆里哆嗦的感觉？这就是"水"的感染力所在。

人生识字忧患始

苏东坡有句诗说"人生识字忧患始"。什么意思呢？意思是说，人能够认字读书以后，思考能力增强了，想得多了，所以操心的事情也就跟着多了。可见，掌握汉字，形成一种知识能力，这既是成为文明人的一种标志，同时也就要承受文明所带来的精神压力。这是文明人难以摆脱的一种宿命。

其实，识字的过程本身就不是件容易的事。古人五六岁开蒙，开始进入识字的旅程。这个过程，并不是轻松愉快的。有个汉字可以证明这一点，我们不妨看看它的样子：

这是个什么字呢? 是教育的 "教" 字。我们从它的右边说起: 右边的这个

, 有不少人认为是父亲的 "父" 字, 这也不是完全没有道理的, 因为甲

骨文的 "父" 字大致就是这个形状。《三字经》不是也说 "养不教, 父之过"

嘛。但我更倾向于认为, 这是一只手挥着一根棍子:

棍子

手

这显然是一个打人的姿势。难道上学还要挨打吗？是的，中国古代就有这样的传统。《尚书》里就有这样的记载："鞭作官刑，扑作教刑，金作赎刑。""教刑"就是上学不好好读书就要挨打的一种刑罚。所谓"扑"是什么意思呢？《说文解字》的解释很简单，释作"挨也"。那么"挨"又是什么意思？这个字《说文解字》就说得稍微具体些了，释作"击背也"。我们的背后，靠近心、肺的那一块地方是比较容易造成内伤的，而肉头最厚的地方是屁股，所以我估计，"扑"很可能更多的是"打屁股"。所谓"扑作教刑"大致是说：对不专心读书的人就要打屁股。这叫作"教刑"。

　　谁在受教？**教** 的左下角有说明，是一个"子"（**子**）字，表示小孩子。那么小孩子的学习内容是什么呢？是他头上的那两个叉叉，也就是"爻"。爻的字形，从古到今基本上没什么变化。《说文解字》说"爻"就是"交"的意思；而"交"则是两个小腿交叉着的意思；另外它又解释作"文"，叫作"错画也，象交文"。我们把这三个字搁在一道来看看：

爻　　　交　　　文

　　显然，它们是有相通之处的。尤其是"文"和"爻"，相通的含义就更密切。打个不一定恰当的比喻吧：如果"文"是语文的话，那么"爻"差不多就相当于数学。当然，我们最好宽泛一点去理解，"爻"大抵就是指文明的那些基本常识。这就是古代学生学习的内容。

古代的"学"字同样含有这一层意思：

学

　　左边这个"学"字里面，包含着"教"字的所有元素。当然，跟"教"比起来，它的细节更具体了：在它上半部分的"爻"字两边，各加了一只手，显然是在忙着做习题或演算；右下角手拿棍子的形制并没有变，但是左下角的"子"却多了一间教室。从这个字中我们可以看出，"教"与"学"自古就是血脉相通的，而这个过程始终都伴随着某种程度的体罚，你说忧患不忧患？

　　识完了字，就该读书了。在纸发明以前，古代的书是写在竹简或木片上的，写好后，按照文句次序，用绳子把它们串联在一起，就成了一本书，古人把它称作"册"。我们今天也还有"一册书"这样的说法，这就是上古语言习惯

册

的残留。"册"这个字很有意思，它基本上就是照着上古的书的样子画出来的。我们可以看看：

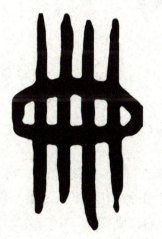 

竖的那几根画线代表竹简或木片，中间一个椭圆形的环代表串联它们的绳子。古人解释说："象其扎一长一短，中

有二编之形。"一根长一根短可能是为了便于翻动，而所谓的"编"是什么呢？就是穿竹简的绳子。我们来看看甲骨文"编"字的写法：

它的左边就是个"册"字。右边那个 是什么呢？是"丝"（ ）字的半边，也就是代表类似于丝线一样的东西。我没有见过真正古代简册完整的样子，不知道串联它们的那根编绳是不是丝做的，但从这个汉字的形状看，它很可能是丝织成的。

这种用丝绳串成的简册，每一册能够抄录的字数不会很多。比如说郭店楚简吧，它每根简上也就是抄个二十来字。一册书能有几根简呢，也就是几十上百根吧（郭店《老子》全书是二千多字）。这种简册装满一牛车，实际上也没多少字数。所以古代读书人搬家，动不动就是汗牛充栋什么的，这一点也不奇怪。麻烦的是，这种书读起来还挺费劲，一册一册沉甸甸的，看不了几册手臂就酸了。这也真是挺"忧患"的。

书读得多了，眼界就高，见识也远，对身边的生活也就特别容易看不惯。看不惯了怎么办呢？也就只有忧患了。所以说："人生识字忧患始。"

汉字常识

独体为文，合体为字

我们日常总是喜欢说文字文字的，但是什么是文字呢？你可能会这么回答：汉语的书写符号叫字，用这些字写成的文章就是文。我要告诉你，这个答案是错误的。

在古代，"文"和"字"指的是汉字中的"独体字"和"合体字"。也就是说：独体为"文"，合体为"字"。

什么是"独体"？汉代的大文字学家许慎告诉我们："依类象形，故谓之文。"也就是说，独体字是模仿事物的形状画出来的那些字，带有很明显的图画的痕迹。比如日、月、鸟、鱼、草、虫、耳、目等等，就是独体字，也就是所谓的"文"：

月

鸟

鱼

草

目

耳

虫

汉字的部首，都是由这些独体的"文"构成的。这些"部首"，许慎归纳出了五百多个，我们现代常用的，也有两三百个。从学习规律上说，掌握独体之文是掌握整个汉字的基础。为什么这样说呢？因为绝大多数的汉字，都是在这些独体字的带领下合成出来的。

两个或两个以上的"文"合在一起，表示另一层新的意思，这就是"字"。所以说：合体为字。这方面最明显的就是光明的"明"字了。"日"和"月"都是"文"，合在一起，表示光明的意思，就成了一个"字"。

字由孳乳而多

古人说明"合体为字"时，常常喜欢用"解"字来举例。它的道理跟"明"差不多。一般说"解"的意思，叫"刀判牛角"，也就是用刀从牛的两只角之间去分解牛。这些都叫"会意字"。

但是，更多更多的"字"是由一个形旁加一个声旁构成的，也就是我们常说的"形声字"。许慎把它叫作"形声相益，即谓之字"。"字"就像由"文"生养、哺育出来的一样，不断繁殖，进而形成家族。这种生养哺育如同草木得到滋润、婴儿吸吮乳汁，这才能够迅速生长，所以叫做"字由孳乳而多"。比如说"木字旁"的字，松、柏、杨、柳、榆、槐……很多很多，它们的声旁表明它们是各自不同的个体，但都是"木"的子孙，是吃"木"的奶水长大的。

三书

古人研究汉字的生成和结构规律，归纳出六条，叫"六书"，分别是：象形、指事、会意、形声、假借、转注。

后来在1935年，一个叫唐兰的文字学家把它简化为"三书"，也就是：象形、象意、形声。这三书是汉字生成的骨干，转注、假借如同一种补充，所以，知道这"三书"，是了解汉字文化的一个最基本的素养。

象形字基本上都是独体字。它是画出来的字。

象意字主要是合体字。它是悟出来的字。

形声字专指由形旁和声旁构成的那类合体字。它更像是批量组装出来的字。

书写流变

我们在前面的内容中，不断提到"甲骨文"、"金文"、"篆书"等名称，这些都是根据汉字在不同时代、不同材料上的书写而区分出来的名词。下面分别介绍一下：

"甲骨文"是刻在龟甲和兽骨上的文字。现今发现最早的、有系统书写的汉字，就是甲骨文。

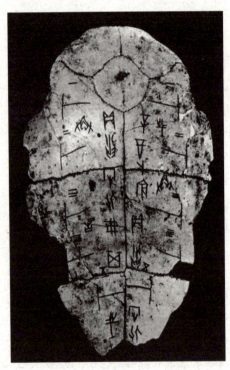

甲骨文

　　但是，甲骨文被发现并认识的时间却很晚，差不多是到了19世纪末、20世纪初的时候。现在已经识别出来的甲骨文字，有1200多个，还有八九百个字，人们无法确切知道它的意思。许慎很可能并没有见过甲骨文。这使他对个别字的解释并不是特别准确。所以，我们应该尊敬他，但不能迷信他。

　　"金文"出现的时间，跟甲骨文差不多。金文是指刻在青铜器上的文字，所以也叫"钟鼎文"。古人把铜也称作金，因此这种文字不叫"铜文"，而称"金文"。

　　刻写金文的铜器多半都是些

礼器，比较郑重，所以文字刻得也就比较正规，保存也比较完好。也许因为这个缘故，现在人们已经认识的金文有两千多个字，比甲骨文要多得多。早期金文的字形，跟甲骨文基本上是一样的。

金文

周代以后，汉字书写又有了变化，出现了篆书。"篆"有个竹字头，说明它多数情况下是写在竹简上的文字。

篆书有"大篆"、"小篆"两种。其实，大篆的形态可能是不太固定的，因为春秋战国时期，各国的文字都有自己的一套法度，所以差别也比较大。后来秦统一了中国，搞"同书文"，也就是搞了一场统一文字写法的运动，由秦国的宰相李斯主持，定出来一套规范汉字，这就是"小篆"，也叫"正篆"。许慎《说文解字》所解说的，基本上都是"小篆"字。

篆书之后，汉字经过"隶变"、"楷化"，形成我们今天使用的这种文字。这一用，就用了两千年。

隶书　　　　　　　　　　　　　　楷书

　　隶书相对于篆书来说，是一种简化字。楷书在隶书的基础上又合并了一些字，也带有某种简化的成分。今天中华人民共和国使用的简化汉字，是在楷书正体字的基础上作了一些笔画上的简省或字体上的合并。这一次的简化，其实远没有两千年前"隶变"那一次简化的幅度大。西汉经过秦末的大动荡，社会渐渐稳定下来之后，认识篆书的人已经很少了。当时人们把"篆书"称为"古文"，"隶书"称为"今文"。《说文解字》就是东汉人许慎编写的一部词典，它的字头都是篆书，也就是"古文"，释义的内容则是"今文"。这种编撰法，很可能就是为了帮助人们阅读上古文献的需要而采取的。从历史的意义上说,汉字简化只要合情合理合俗,就并不像我们今天一些人想象的那么可怕。从大视野上看,汉字的稳定是暂时的,演变才是汉字发展的主流。所以对汉字我们要有一种动态观,这本身就是扩展我们心灵世界的一种文化锤炼!

汉字的演化,丰富而生动。我们越多地了解它,就能越深地感受到延续在我们血脉中的文化的分量。而作为一个中国人,你只有感知到自己身上的这种分量,才能够真正在"全球化"的今天,坐听风雨,气定神闲……

阅读回味

请识别下列图中都有些什么字（资料就在本书中）：

图一：

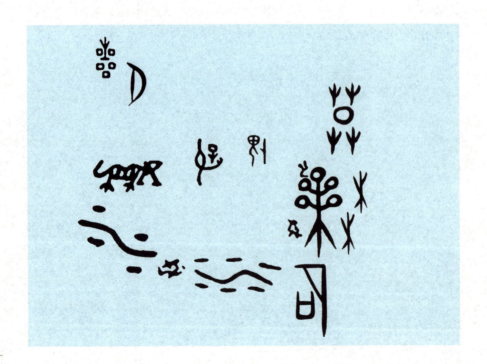

图二：

图三：

图四（这是一片甲骨片上的干支纪年表）：

附录：

本书引用古字表

A

暗—

B

宝—    贝—    并—

北—    保—    本—

丙—    冰—    八—

百—    匕—    邦—

编—

C

丑—    从—    蚩—

采—    春—    辰—

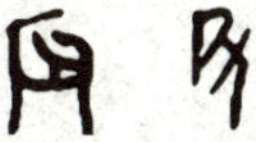

城—　　　尘—　　　草—

虫—　　　册—

D

大—　　　旦—　　　丁—

东—　　　冬（终）—　　邸—

E

耳—　　　二—

F

夫—　　　风—　　　阜—

G

鬼—　　　国—　　　果—

庚一

公一

癸一

光一

龟一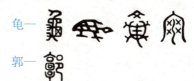

郭一

H

或一

禾一

虎一

火一

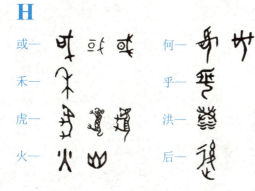

何一

乎一

洪一

后一

河一

画一

寒一

J

及一

京一

甲一

九一

阱一

见一

疾一

己一

囧一

鸡一

家一

集一

举一

介一

金一

斤— 𠷎 𠂤　　　教— 𣈶　　　交— 交

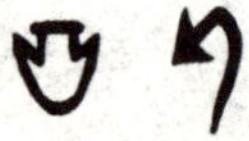

K

夒（猴）—

L

老— 　　　立— 　　　耒—

龙—

六— 　　　麟— 　　　鹿—

邻—

M

莫（暮）— 　　　目—

皿— 　　　母— 　　　美—

木— 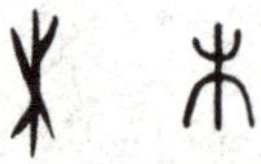　　　末— 　　　冥—

马—　　　梅—

N

鸟—　　　女—　　　男—

年—　　　牛—　　　内—

农—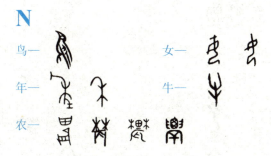　　　南—

P

片—　　　爿—　　　平—

Q

企—　　　犬—　　　秋—

前—　　　七—　　　千—

丘—

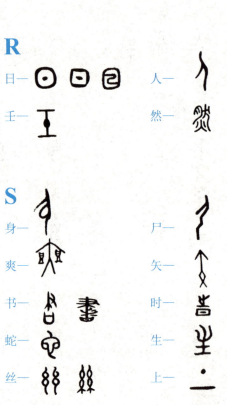

R

日—
壬—
人—
然—
乳—

S

身—
爽—
书—
蛇—
丝—
四—
山—
尸—
矢—
时—
生—
上—
十—
石—
豕（猪）—
室—
鼠—
水—
三—
松—

T

天—
兔—
屯—

土—

W

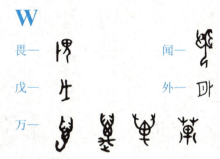

畏—　　　　闻—　　　　舞—

戊—　　　　外—　　　　五—

万—　　　　　　　　　　文—

X

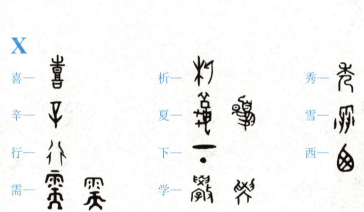

喜—　　　　析—　　　　秀—

辛—　　　　夏—　　　　雪—

行—　　　　下—　　　　西—

需—　　　　学—

Y

云—　　　　元—　　　　玉—

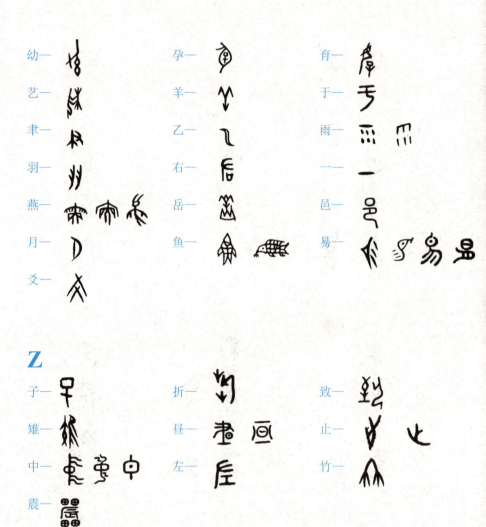

幼一

艺一

聿一

羽一

燕一

月一

爻一

孕一

羊一

乙一

右一

岳一

鱼一

育一

于一

雨一

一一

邑一

易一

Z

子一

雄一

中一

震一

折一

昼一

左一

致一

止一

竹一